로맨틱 플리마켓 여행

냠냠제주
5.000
제주도 농산물
마멀레이드

이곳에서 당신은 스쳐 지나가는 사람.

손님이고, 여행자다.

가볍고, 자유롭게

설렁설렁 걷기만 해도 되는 곳.

오래된 편지와 흘러흘러 여기까지 온 찻잔.

그림과 장신구.

그런 것들에 마음을 뺏긴다면

그걸로 충분하다.

예쁜 아가씨가 옷장을 살짝 열었다.
떠돌이 청년은 아무렇게나 여행 가방을 펼쳤다.
새댁은 부엌살림, 할머니는 찐 옥수수를 내놓은
플리마켓 난전.

잠시 쉬었다 가는 걸로 충분하다.

熊本復興支援
マルシェ
甘長
ししとう
なす
ピーマン
ズッキーニ
1個¥200
みょうが
減農薬
トマト
モロヘイヤ
アスパラ
5本¥350
長なす
1本¥250
Farmer's Market

천천히 산책하는 국내 · 해외 벼룩시장 15

로맨틱 플리마켓 여행

정선영

Lomantic flea market trip

책과나무

플리마켓 여행을 준비하며

살다 보면 나도 모르게 눈이 유순해지는 일을 만난다. 그런 일을 만나는 건 행운이다. 최근 몇 년간 내게는 플리마켓이 바로 그런 일이었다. 마치 무언가에 홀리듯 시장 속으로 발길을 옮기면서 내 안에 행복이 넘쳤다.

시장에서 풍기는 특유의 냄새가 있다. 눈을 어지럽히는 색색의 장신구와 더불어 코끝을 간질이는 시장 냄새. 달콤한 설탕 같기도 하고, 풋내와 흙내 같기도 한. 생활의 냄새지만 어찌 보면 생활과 동떨어진 냄새 같기도 하다. 시장을 구경할 때는 어느 순간 어린 아이처럼, 다른 나라에서 온 외국인 여행자처럼 눈이 한층 더 반짝이며 천진난만해진다.

언제부턴가 우리나라에서도 플리마켓이 여기저기서 생겨났다. 한 송이 꽃이 피어나 작은 꽃다발을 이루는 것처럼. 이곳에서 사람들은 수다를 떨고, 꽤나 소소한 물건들을 사고판다. 웃고, 실랑이하고, 심심해하기도 한다. 해가 저물고, 장이 문을 닫은 시간은 또 내일의 장터를 준비할 힘이 된다.

이 글은 어쩌면 벼룩시장 놀이에 대한 이야기일지도 모른다. 생계와 관련이 없으니까, 오직 재미를 위해 다녀오는 플리마켓이니까 즐거운 것일지도. 그런 점에서 다행이다. 먹고살기도 벅찬 시대에 중고물품을 사고파는 플리마켓을 하나의 놀이나 문화로 만나게 돼서 말이다. 너무 팍팍하고, 구질구질하지 않게, 즐겁게 플리마켓을 누릴 수 있어 참 다행이다.

이 작은 시장이 뿌리를 내리고 자라서 우리의 삶을 바꾸고, 이웃과 뭔가를 나누는 소소한 기쁨을 주고, 저성장을 벗어나는 경제에도 미약하나마 힘을 보탤 수 있을 것이라 기대해 본다.

플리마켓 여행을 하는 동안 이야기를 나눠주고, 사진촬영에 협조해 준 수많은 판매자들과 플리마켓 담당자들, 이 책을 출간할 수 있도록 도움을 주신 '책과 나무' 출판사 담당자께도 감사드린다. 그리고, 툭하면 플리마켓 구경을 나가는 나를 위해 둘이 보낸 시간을 기꺼이 감수해 주고 소소한 여행에 동참해 준, 사진도 찍어주신 레전드 남편님 김민수씨와 뿌까요정님께 감사한다. 살림살이랑 장난감을 너무 많이 팔아버려서 조금은 미안하다.

2017년 7월 정선영

\# 목차

PLACE 1.
BANGKOK "산책하듯 걷고 싶어"

PLACE 2.

TOKYO "오밀조밀 즐거워"

PLACE 3.

TAIPEI "정말 이국적이야"

PLACE 4.

KOREA "친절하고 다정해"

"산책하듯 걷고 싶어"

PLACE 1.
BANGKOK

#1

'반짝반짝' 나이트마켓

집에 돌아오면 하지 않을 이국적인 장신구를 고른다.

짜뚜짝, 짜뚜짝,
마치 발걸음 소리처럼

여행지에서 작은 잡동사니를 사는 것을 좋아한다. 냉장고 자석, 에스프레소 찻잔, 손바닥에 쏙 안기는 오르골…. 예쁠수록, 가격이 저렴할수록, 모양이 독특할수록 좋다. 외국의 낯선 길 한복판에서 발견하는 조그만 물건은 내 마음을 송두리째 뒤흔든다. 여행 스타일로 치면 '기념품파'라고 해 두자. 그 나라의 전통인형이나 비누, 심지어 도시 이름이 적혀 있는 외국 스타벅스의 에스프레소 찻잔까지 너무나 소중하니 어쩔 도리가 없다.

나이트마켓이 성황을 이루는 방콕의 밤은 무척이나 화려하다. 기념품파 여행자에게 나이트마켓은 빼놓을 수 없는 곳이다. 그중에서도 짜뚜짝chatuchak 시장은 방콕에 있는, 아니 태국 전체에 있는 온갖 예쁜 잡동사니가 모여 있는 곳이다. 색색의 등이 켜져 있는, 멋진 태국 스타일 코끼리 인형이 가득한 그 시장. 어떤 사람들은 'JJ마켓'이라고 줄여 부르기도 한다는데, 개인적으로는 '짜뚜짝'이라는 단어가 주는 어감이 더 좋다.

지상철인 BTS의 종점. 주말 모칫 역에 도착하면 한 방향으로 움직이는 거대한 인파를 만나 볼 수 있다. 그리고 곧 그 속에 몸을 싣게 된다. 가이드북에서 표지판은 따로 볼 필요가 없다더니 정말 그랬다. 눈을 감고 따라만 가도 될 것처럼 모두 일제히 한 방향으로 향한다. 조금 걷다 보면 마치 허름한 유적지 같은 시장 건물이 보인다. 주말에 여는 상점 개수가 총 1만 5천여 개. 넓이만 1.13제곱킬로미터에 이른다고 한다. 길이 미로같이 펼쳐진 탓에 시장 지도가 따로 있다. 27개 구역으로 나뉘어 있는데, 길은 복잡해도 정신만 바짝 차리면 제법 찾기 쉽게 돼 있다. 중앙로를 중심으로 양쪽으로 나뉘어 있기 때문이다. 가구와 옷, 미술품, 공예품, 주방용품, 인테리어, 아로마 등이 섹션별로 분류돼 있다. 원하는 섹션 번호 부근으로 이동한 후 미로 속으로 빨려 들어가듯 이동하면 된다. 나는 그냥 헤매기로 했다.

짜뚜짝 시장을 최초로 만든 사람은 과거 태국의 수상이던 플랙 피불쏭끄람이라는 장군이라고 한다. 원조인 씨남루앙 벼룩시장을 이리저리 옮긴 끝에 짜뚜짝에 자리를 잡았다고 한다. 플랙 장군은 모든 타운마다 벼룩시장이 설치돼야 한다고 생각해 시장을 열었다고 전해진다. 그래서일까. 지금도 방콕 시내 곳곳에서 야시장, 플리마켓이 활발하게 열리고 있다.

방콕의 시장은 주말과 밤에 가장 번화하다. 바람이 적당히 시원해질 무렵이면 사람들은 약속이라도 한 듯 밖으로 나와 하나둘 모여들기 시작한다. 짜뚜짝도 주말 재래시장이다. 제대로 구경하려면 주말 일정은 비워 두는 게 좋다. 수요일과 목요일은 나무나 꽃 등을 파는 상점이 문을 열기도 한다지만 토요일, 일요일이 피크다. 주말 하루 평균 30만 명이 다녀간다고 하니 규모를 대충 짐작만 할 뿐이다. 공식 오픈 시간은 오전 9시에서 오후 5시. 폐장 시간 이후에는 야시장으로 변한다.

▲ 낯선 누군가가 만든 복어를 만나 흠칫 놀란다.
▼ 다 맛보고 싶지만 뭘 구웠는지 몰라 망설여졌다.

짜두짝 사진 속에서 반짝이던 바로 이것. 실제로 보면….

짜뚜짝에서의 쇼핑 원칙은 단 하나다. "마음에 든다면 그냥 살 것". 다시 이 가게를 찾기에 여행자의 시간은 너무나도 부족하다. 돌고 돌다 다시 올 수도 있겠지만 쉽지 않다. 가격도 그렇다. 방콕 시내에서 비싸게 팔리고 있는 소품이 짜뚜짝에서는 매우 저렴한 가격에 판매되고 있었다. 시내에서 그 물건을 집었다 짜뚜짝을 떠올리면서 내려놓지 않으려면, 이곳 짜뚜짝에 있을 때 그냥 사는 게 낫다.

방콕에서 그림을 사는 일

여행지에서 사 온 그림은 묘한 설렘 같은 게 있다. 그래서 외국에 갈 때마다 하나둘 모으는 재미가 쏠쏠하다. 그림에 담겨 있는 여행지의 풍경, 냄새…. 그리고 그림을 팔며 바가지를 씌우던 외국 상인의 표정도 온전히 담겨 있다. 여행지가 아닌 곳에서 그런 것을 떠올리는 것은 즐거운 일이다. 짜뚜짝에서 만난 첫 골목. 예술 섹션은 분위기부터 예사롭지 않다.

아틀리에가 줄을 잇는 재래시장이라니. 예상 밖의 풍경에 잠시 홀려서 걷는다. 예술가들이 꾸민 공간이라 그런지 시장 골목의 개도 멋쟁이다. 칸칸이 작품들이 세워져 있어 저마다 다른 분위기를 자아낸다. 그림을 하나 사야지.

짜뚜짝 한 편의 식당에서 어항 같은 컵에 담아 주는 아이스라테 마시기

구석진 곳에서 작품 하나가 눈에 들어왔다. 나뭇가지 위에 금색 청동으로 새를 붙여 놓았다. 마음에 들었다.

"이 그림 얼마예요?"

본인 작품이라며 깡마른 사람이 걸어 나온다. 손에 계산기를 들고 와 숫자를 찍어 준다. 1만 8,000(바트). 핸드폰으로 계산해 보니 약 59만4천 원이다. 싼지, 비싼지 알 수 없다. 그는 포워딩 업체를 통해 잘 포장해서 한국까지 배송도 해 준단다. 그러나 결국 구입하지 못했다. 어쩌면 예술가에 대한 환상 같은 걸까. 작가가 직접 계산기에 숫자를 찍어 주고, 배송까지 당당하게 말해 주니 갑자기 기분이 이상해졌다. 혹시라도 바가지를 쓰는 게 아닐까. 이러한 마음이 드는 것은 아마도 작품이 놓여 있는 공간이 시장이었기 때문일 거다. 어디 화랑이었다면 좋은 가격이라 했을지도 모른다. 사람 마음이란 게 이렇게 간사하다.

예술 섹션에서는 더운 날씨에도 아랑곳하지 않고 작품을 만고 있는 예술가들을 구경할 수 있다. 그들은 무심한 듯 자신의 작품들을 보여 준다. 한 작업실 앞에 나무둥치처럼 생긴 것이 덩그러니 놓여 있다. 궁금해하자, 그림에서 눈을 떼지 않는 청년 화가가 말해 준다.

"물감이에요."

바닥부터 켜켜이 쌓인 물감은 어느새 세월의 높이를 보여 주고 있었다. 몇 년간 만들었냐니까 13년이 걸렸다고 한다. 하, 왠지 다시 가서 아까 그 그림을 사야 할 것만 같다.

몇 번을 돌고 돌아도

소싯적 연애서를 열심히 읽을 때가 있었다. 책으로 하는 연애가 도움됐을 리 만무하지만, 그 책 속 연애비법 중 이런 말이 있었다. 마음에 드는 사람이 있다면 그 주변에 자꾸 알짱거려야 한다는 것이다. 계속 마주치다 보면 익숙해지고, 그러는 사이에 정도 든다고 했다. 연애에는 별로였던 그 비법이 이 시점에 떠오른 건 어떤 연유에서일까.

짜뚜짝시장의 아트 섹션에서 큰 나무 아래의 조그만 태국 식당이 바로 그런 곳이었다. 돌고 돌다 보면 계속 이 자리였다. 나무 테이블이 제법 운치 있게 놓여 있고, 나무에는 화사한 꽃병 그림이 걸려 있었다. 골목을 몇 번이나 헤맨 끝에 지친 참이었는데, 계속 돌아오니 끝내는 정이 들었다.

밥을 먹을 생각이 없었는데 어쩌다 나무 테이블에 자리를 잡았다. 어항만 한 컵에 아이스라테를 줬다. 팟타이도 맛있었다. 나뭇잎 사이로 햇빛이 부서지는 좁은 공간에 앉아 있으니, 기분이 절로 좋아졌다. 모여 앉은 종업원 소녀들이 이따금씩 웃음을 터뜨리며 꺄르르 소리를 냈다. 장난기와 심술이 담긴 듯한 천진난만한 웃음이었다.

아이고, 맛있고, 향기로운 것들

방콕에서 불어오는 바람은 향기로운 것 같다. 어디선가 은은한 향기가 따라다니는 느낌이다. 더위에 쩔쩔매며 길을 걷다가도 불어오는 바람결에서 잠시 꽃향기를 맡는다. 멀찍이 어딘가에 꽃이라도 피어 있는지….

방콕의 유명한 아로마 숍 겸 레스토랑인 카르마카멧karmakamet도 짜뚜짝에서 문을 열었다고 한다. 두 평 남짓의 짜뚜짝 가게가 우아하고 멋진 가게로 변할 정도로 멋진 제품들이 많다. 이런 방콕에서 아로마 제품을 사는 건 참 기쁜 일이다. 이곳에는 비누나 디퓨저, 목욕용품 등 향기가 좋은 제품이 많다.

비싼 비누를 사 놓고도 향기가 사라질까, 녹을까 아까워서 애지중지 쓰는 사람인 나는 특히 그랬다. 그중에서도 망고 비누와 프랑지파니frangipani 꽃모양의 비누는 특히나 향기도 좋았다. 100바트에 세 개라니, 가격도 멋지다. 얼마나 비누를 샀는지, 아마 비라도 왔다면 가방에서 거품이 뭉게뭉게 피어올랐을 것이다.

짜뚜짝을 헤매다 보니 또 다른 향기가 솔솔 풍겨 온다. 더위에 지쳐 있을 무렵, 코코넛 아이스크림이 보였다. 35바트. 우리 돈으로 천 원 남짓이다. 마음 같아서는 두 개도 먹을 것 같다. 허름한 난전에서 양철통에 들어 있는 아이스크림에서는 찬김이 솔솔 난다. 가게 앞에는 설탕에 절인 과일들이 통마다 가지런히

▲ 시원한 코코넛 아이스크림
▼ 여느 외국 식당에 놓인 인형 같은 아저씨가 만드는 요리

담겨 있어, 마음대로 토핑해 먹을 수 있다. 아이스크림만 먹어도 그 달콤 상큼함이 온몸을 식혀 준다.

그린 망고에 매운 양념을 끼얹은 음식이며, 길가에서 한 솥에 끓여 주는 닭고기 카레, 수박을 파서 얼음을 잔뜩 쌓아 올리고 시럽을 뿌린 빙수, 코코넛 덩어리가 씹힐 것 같은 코코넛워터…. 다양한 길거리 음식들도 줄을 잇는다. 어째 걸음을 쉽게 옮기지 못하는 것은 당연한 일이다.

휴식이 너무나 절실한 시간

키친 코너는 너무 끝에 있었다. 가방은 이미 터지기 일보 직전이다. 그래도 그릇을 안 보고 그냥 지나칠 수는 없다. 물론 그릇이 예쁘다고 요리를 더 잘하지는 않겠지만 말이다. 예쁜 나뭇잎 모양의 그릇이 한 개에 100바트도 안 된다. 7첩 반상을 차리고도 남을 정도로 사 오고 싶었다. 정말이지 할 수만 있다면 그럴 것만 같았다.

짜뚜짝 입구까지 어떻게 돌아왔는지 모르겠다. 발바닥에 길이 녹아 붙을 것처럼 더운 날씨였다. 처음에는 왜 시장 입구에 마사지 숍이 있을까 의아했다. 나중에 깨달았지만, 그곳은 이렇게 큰 규모의 시장을 돌아보고 나오는 길에 꼭 필요한 곳이었다.

▲ 꼬치구이 파는 아주머니
▼ 밥도 먹고, 술도 한잔하고픈 식당

말로만 듣던 쇼핑 '떼샷'

한 시간에 250바트. 우리 돈으로 약 8천 원 남짓이다.

좁은 공간을 메운 페퍼민트 향에 잠시 기분이 산뜻해진다. 행인들이 보이는 의자에 앉은 탓에 마음은 그다지 편치 않았다. 하지만 커다란 배스타월을 덮어 주자 눈이 스르르 감겼다. 주변에서 한국어가 들린다. 자신을 한국의 유명한 영화배우라고 소개하는 청년의 너스레에 마사지하는 태국 아주머니들의 웃음이 까르르 터진다. 이따금씩 터지는 웃음소리에 귀를 쫑긋 세웠다가 이내 다시 눈을 감았다.

마사지가 끝날 때쯤 여직원이 다가와 물었다.

"너 아까 나한테 500바트 줬지? 나한테 얼마 받았어?"

"모르겠어. 그냥 받았어."

거스름돈을 넣은 지갑을 열어 본다. 그녀는 자기가 100바트 덜 줬다며 챙겨 준다. 아, 관광지는 원래 바가지 씌우는 거 아니었어? 친절하니까 오히려 이상하다.

예상 밖의 배려로 생긴 100바트 한 장이 어색하고도 따뜻하게 다가온다. 나오면서 그 가게에서 코코넛오일을 샀다. 3개에 100바트. 기분이 말랑말랑 좋아진다.

#2

골목 구석구석 플리마켓이 켜진다!
JJ그린마켓

이 비도 곧 지나가리라

반지, 살까?

비가 와서 좋은 시간

방콕의 시장에서 비가 내리는 것은 흔한 일이었다. 소나기가 쏴아, 쏴아 몇 번을 지나갔는지 모른다. 야자수에도 물방울이 맺혔다. 스콜이라고 했다. 어느 처마 밑에서 이방인들 틈에 끼어 빗소리를 듣는다. 지붕에 후드득 물방울이 달리는 소리를…. 시장 구경을 나왔는데 빗속에 서서 한참을 보냈다. 우산을 살까 망설이다가 별수 없이 장대비를 구경하고 서 있다. 소나기를 오랫동안 바라보는 게 얼마만인가. 한편으론 괜히 속이 시원해진다. 처마 끝에 방울방울 떨어지는 빗방울이 청량하다.

문득 주변을 돌아봤다. 처마 밑에 옹기종기 모여 앉은 사람들. 자기들끼리 속닥거리며 즐거워하고 있다. 비를 걱정스럽게 보는 사람은 여기서 나밖에 없다. 판매자들도 장사를 접지 않는다. 그저 커다란 비닐로 물건을 서둘러 덮어 뒀을 뿐. 구경 온 사람들도 그저 비가 그치길 기다린다. 아무도 집으로 돌아갈 기색은 보이지 않는다. 그들은 그렇게 비에 너그러웠다.

이윽고 빗소리가 잦아들 때쯤, 사람들이 하나둘 처마 밑을 떠났다. 어쩔 줄 모르는 사람은 또 나밖에 없었다. 사람들은 태연하게 다시 시장을 열었다. 방콕의 시장은 이렇구나. 나중에는 익숙해졌다. 빗방울이 후드득하면 남의 처마 밑 신세를 지는 일도 흔했다.

그리고 알게 됐다. 비가 한바탕 오고 난 방콕의 나이트마켓은 더 반짝거린다는 사실을…. 그리고 누구든 쉬었다 갈 수 있도록 넉넉한 지붕이 많다는 사실을….

플리마켓의 시작

JJ그린마켓에 가려면 공원을 통과해야 한다. 사방이 공원으로 둘러싸여 그린마켓이라 불린다고 했다. 길을 몰라서 마켓 방향으로 가는 연인을 따라 무작정 걸었다. JJ그린마켓이 데이트코스로 인기라는 말을 들었기 때문이다. 다정하게 대화하며 한 걸음 한 걸음 발걸음을 옮기는 어린 연인 덕분에 헤매지 않고 플리마켓에 도착할 수 있었다. 해가 지고 있었다.

해가 지는 어슴푸레한 저녁 빛이 좋다. 푸르스름과 발그레함이 섞인 보랏빛 같기도 한 공기의 색깔. 방콕의 나이트 플리마켓 오픈 시간은 보통 오후 4~5시지만 정각에 시작하는 일은 거의 없다. 그래서 어슬렁거리다 보면 이렇게 해질녘의 저녁 시간을 그리 어렵지 않게 보낼 수 있다.

짜뚜짝시장과 가까운 JJ그린마켓의 분위기는 한층 젊다. 마치 집시들이 몰려들 듯 각지에서 모여든 젊은이들은 제멋대로 판매대를 꾸민다. 차 트렁크를 열고 조명을 달아 두거나 정성 들여

원목 진열대를 놓기도 한다. 행색도 제각각이라 넓은 주차장을 채운 플리마켓 풍경을 찍은 사진만으로도 뜨거운 열기가 한껏 느껴진다.

기다릴 때는 커피가 딱이다. 가게들이 모두 개점 준비 중이다. 오래된 자전거, 낡은 소파가 있는 식당에 들어가 커피를 주문하고 싶었다. 실내를 보아하니 밤이 되면 금방이라도 클럽으로 변할 것 같은 분위기다. 커피는 메뉴에 없다. 창Chang 비어 한 병과 얼음을 주문했다. 양주를 주문한 것처럼 얼음 박스와 술이 함께 나왔다. 시원한 선풍기 바람을 맞으며 해질녘 야시장의 시작을 기다린다. 맥주를 꼴깍 삼킬 때마다 더위가 가신다. 하나둘 전등에 불이 켜진다.

어릴 적 우리 집은 가로등을 켜는 집이었다. 집 앞 가로등은 어두운 시골길을 비췄다. 저녁을 짓다 불 켜는 것을 깜박하실 때면 할머니는 마치 큰일이라도 난 듯 뛰어나오셨다.

"어서어서 불 켜라. 어두울라!"

그럴 때면 나는 달려가서는 마치 깜깜한 별에 혼자 불을 켜는 어린 왕자라도 된 듯 장엄하게 스위치를 눌렀다. 감나무 잎 사이로 아른거리던 가로등 불빛….

해질녘 나이트마켓이 열리기를 기다리는 동안 그 불빛이 생각났다. 어둠이 오기 전 판매자들의 가게마다 하나둘 불이 켜지는 그 모양이 아른아른 예뻐서….

옷 한 벌에 100바트

250

야외에 있는 플라스틱 의자에 앉아서 도란도란 시간을 보내고 싶다.

태엽을 감은 오르골처럼

오후 5시가 지나자, 카페에서 흘러나오는 음악 소리가 한층 더 커진다. 가로수마다 꼬마전구가 가득 걸리고, 음식 냄새가 풍겨 오기 시작했다. 사람들이 하나둘 광장으로 모여들며 넓은 주차장 광장이 온갖 물건들을 싣고 온 자동차들로 가득 메워진다. 판매자들은 손님 맞을 준비에 한창이다. 판매 개시 시간이 있는지 정리를 서두른다.

꼬마 자동차를 파는 털보 아저씨는 아직 오픈 준비 중이라 팔 수 없다고 한다. 아기 엄마로 보이는 판매자는 아이들이 신었음 직한 낡은 운동화를 정리한다. 테이블을 세우고, 보석을 늘어놓고, 뚝딱 옷가게를 만들어 낸다. 자동차를 그대로 세운 채 액세서리를 펼쳐 놓거나, 수공예 가방과 열쇠고리 따위를 진열한다. 50B, 100B. 저렴한 가격표가 옷가게에도 귀엽게 붙어 있다.

드넓은 광장에 사람들이 오가기 시작했다. 어떤 판매대는 벌써부터 앞에 줄이 늘어서 있었다. 반지를 껴 보는 중년 여성은 손등을 멀리 뻗어 본다. 손님이 없는 판매대의 주인은 스마트폰에 빠져 있다. 장사가 되면 되는 대로, 안 되면 안 되는 대로 자기들끼리도 즐겁다. 밤이 드리웠다. 예쁜 가게들이 손에 손을 잡은 것처럼 늘어섰다. 태엽을 감은 오르골이 돌아가듯 그렇게 플리마켓이 열리고 있었다.

프랑지파니 꽃을 적시는 빗방울

집안일은 날
목마르게 한다

플리마켓에서 가장 지름신을 부르는 품목은 역시 빈티지 제품들이다. 촌스러운 그림과 조금 투박한 인형, 그릇들은 왜 그리도 하나같이 예쁜지….

JJ그린마켓에서 눈길을 끈 것은 빈티지 액자였다. 미국의 복고풍 패션을 입은 인형 같은 여자들이 그려져 있는데, 참 독특하고 귀엽다. 게다가 예쁜 그녀들의 새침한 한마디는 압권이다. 이를테면 이런 식이다.

"어제 엄마를 만났다. 다행히도 그녀는 날 못 봤다."

"새 집에는 부엌이 없을 거예요. 자판기를 놓을 거니까."

도발적이고 재미있는 문구가 좋았다. 하마터면 액자만 산더미처럼 사 갈 뻔했다. 덕분에 우리 집 주방에는 예쁜 새댁이 커다란 맥주잔을 들고 이렇게 말하고 있다.

"집안일은 날 목마르게 해요House work makes me thirsty."

이렇게 공감이 갈 수가 없다. 밤이 깊었지만 골목은 미로처럼 이어졌다. 허름한 듯 세련된 가게들이 신비로운 새 길을 계속 열어 준다. 언제 돌아가지?

▲ House work makes me thirsty! 나도 나도
▼ 요상한 양념단지들

#3

콘서트 같은 플리마켓, 아트박스

작은 등불이 비추는 '아트박스' 플리마켓 입구

목요일 같은 시장

어느 날 아침. 정신없이 일을 하다 문득 달력을 본다. 수요일인 줄 알았는데 목요일이었구나. 금요일이라면 더 좋았겠지만 어찌 됐든 벌써 절반을 넘었다는 사실에 안도하게 된다. 왠지 모르게 긴장이 풀리고, 하루를 더 번 듯한 기분에 미소가 번진다. 그래, 하루쯤 더 버텨 볼 만하다. 아트박스는 그런 목요일 같은 시장이었다. 우연히 얻어걸려 알게 된 기분 좋은 일처럼.

플리마켓을 검색하다 페이스북에 올라온 어떤 게시물을 보게 됐다. 시장은 매번 다른 곳에서 열리는 것 같다. 운 좋게도 방콕 여행 기간에 열린다. 잠깐 신나게 열리고 후다닥 사라지는 플리마켓의 재미를 누릴 수 있겠다.

이번 장소는 방콕 젊은이들의 핫플레이스라는 프롬퐁 역 수쿰빗 거리 부근이었다. 지도에 그려진 위치를 잘 찾아갈 수 있을까. 방콕 지상철 노선도를 꺼내 들었다. 요리 보고, 조리 보고. 역에서 어느 방향으로 나가야 할까. 나름대로 길을 잃지 않으려 애를 써 본다. 하지만 프롬퐁 역은 그리 만만한 곳이 아니었다. 역에서 나오자 엠포리움, 엠쿼티어 쇼핑몰과 호텔 등이 눈앞에 산처럼 버티고 서 있다. 어디로 나가야 할지 막막해 구글맵을 켜 본다. 왠지 못 찾지 싶다. 이럴 때는 데이트 중인 젊은 연인을 찾는다. JJ그린마켓 때 써먹은 방법이다.

아련한, 이런 느낌?

때마침 다정한 연인이 오고 있었다. 여자 친구에게 길을 묻자, 그녀가 '아! 아트박스!' 하면서 대번에 방향을 알려 준다. 활짝 웃는 얼굴이 예쁘다. 그렇게 플리마켓에 도착했다.

별처럼, 꿈처럼, 물방울처럼

한국의 문구점 이름 같은 이 시장은 반짝반짝거렸다. 입구만 보면 플리마켓이 아니라 번화가의 클럽 같다. 정장을 입은 직원 두 명이 입구에서 소지품을 검사한다. 통과 후 좁은 복도를 지나는데, 천장에 별처럼 가득 꼬마전구를 매달아 뒀다. 은하수를 걷는 듯 반짝이는 긴 복도를 지난다. 들어가서 나올 때까지 시종일관 블링블링 하는 시장이다.

멍하니 걸어가는데 누군가 불쑥 인사를 했다. 방콕 한복판에서 아는 사람인가 싶어 빤히 쳐다보았다. 슈퍼맨? 빨간 망토에 파란 타이즈. 그는 분명 슈퍼맨이었다. 플리마켓 초입에 서 있던 그는 익살스런 표정으로 재미난 여러 포즈를 보여 줬다. 얼떨떨하다가 긴장이 풀리며 끝내 웃음이 터졌다. 사진을 찍어도 되냐니까 거침없이 포즈를 취해 준다.

왠지 이 플리마켓, 유쾌할 것 같다.

▲ 슈퍼맨님, 반가웠습니다.
▼ 어둠 속에서 불 켜진 작은 마을을 발견했다.

방콕 한복판의 비밀 파티

꽤 넓었다. 도심 한가운데 이렇게 넓은 빈터가 있다니. 플리마켓은 마치 전체가 하나의 마을처럼 아름답게 꾸며져 있다. 나무 프레임으로 된 집이 장난감처럼 줄지어 있다. 아름드리 큰 나무에도 꼬마전구가 주렁주렁…. 바람도 비눗방울이 날리는 것처럼 동글동글 부드럽게 느껴진다. 비를 머금은 큰 나무도 빛나는 물방울을 달고 있다. 이내 톡톡 터진다. 그 바람에 빛나는 마을도 반짝거린다. 방콕의 밤은 이렇게 예쁘구나. 한낮의 더위가 가시고 금세 시원해졌다.

판매자들은 밝은 표정으로 서로 이야기를 나눈다. 예쁜 티셔츠와 장식품, 인형, 도자기, 나무로 만든 그릇, 액세서리 등…. 플리마켓 물건들은 다른 곳과 비슷한데, 조명발 덕분일까. 물건들은 이 아름다운 공간에 놓여 있는 것만으로도 화사하게 빛을 발한다. 짜뚜짝 시장에 있던 나무 주걱도 여기서 조명발을 받으니 한결 예뻐 보인다. 제멋대로 그림을 그린 면 티셔츠도 작품 같다.

판매자들에게서도 저마다의 개성이 느껴진다. 혼자 초상화를 그리고 있는 사람, 손님과 농담을 주고받으며 크게 웃는 사람…. 저마다 시장을 즐기는 것 같다. 한쪽에서는 인디밴드로 보이는 그룹이 음악을 연주한다. 큰 나무 아래에는 스테이크와

그림 그리는 모습이 보기 좋다.

케밥, 카레, 칵테일과 맥주, 햄버거 등 다양한 먹거리를 파는 푸드트럭이 즐비해 있다. 시끌벅적 파티를 즐기듯 한바탕 플리마켓이 펼쳐진다.

예쁜 장식이 돼 있는 포토세션도 있다. 풍선으로 가득한 곳에서 어린 커플이 사진을 찍는 가운데, 구경 온 사람들은 자유롭게 나무 밑에 걸터앉아 술을 마시며 공연을 듣는다. 예쁜 마을에 온 이방인처럼 한참을 그렇게 산책했다.

밤 12시, 신데렐라는 얼마나 아쉬웠을까

가만 보면 물건을 사는 게 아니라 기분을 사는 것 같을 때가 있다. 오늘은 뭔가 좀 예쁜 것을 사보고 싶은 마음에, 어여쁜 아가씨가 파는 나무주걱과 나무접시를 샀다. 벌꿀 뜨는 도구가 너무 예뻐서 고민 아닌 고민을 했다. 꿀도 안 먹으면서 무심코 살 뻔했다.

조명도 하나 샀다. 환하게 빛을 내는 에디슨 전구의 필라멘트가 너무 예뻐서. 이 빛나는 플리마켓을 가져갈 수는 없고, 대신 반짝이는 조명을 가져가기로 했다. 초상화도 하나 그려 볼까 싶고, 인형이 가득한 가게에서는 인형이 탐이 난다. 괜히 마음이 들떠서는 기웃기웃. 이런 플리마켓에서는 결코 합리적인 소비자가 될 수 없다.

계속 알짱거리게 만들던 에디슨 전구

▲ 이젠 플리마켓에서 쉽게 만날 수 있는 드림캐쳐
▼ 그녀들의 목요일 밤

비가 그친 밤의 방콕 어디쯤. 이 파티는 밤 12시까지 계속될 것이다. 밤 10시쯤 별이 가득한 복도를 걸어 나왔다. 아쉬웠다. 동화책 속의 신데렐라는 밤 12시를 알리는 시계가 얼마나 야속했을까. 택시를 바로 탔는데, 젊은 운전기사가 플리마켓 입구를 가리키며 묻는다.

"여긴 어디에요?"

"시장이에요."

그는 믿을 수 없다는 듯 클럽 입구 같은 그곳을 한참 살펴본다.

"정말요?"

"네. 아주아주 귀여운 시장이에요."

#4

빈티지 천국, 딸랏 롯빠이

'딸랏 롯 빠이' 초입에 있는 사원

핫플레이스가 된 기찻길

방콕에서 빈티지마켓으로 가장 유명한 곳이 바로 딸랏 롯빠이Rot Fai Train Night Market다. 태국어로 '딸랏'은 '시장'을, '롯빠이'는 '기차'를 의미한다. 기찻길 옆에 만들어진 시장이라서 붙여진 이름이라고 한다. 매끌렁시장Maeklong Market은 실제로 기차가 지나가기 때문에 금세 만들어졌다 사라지는 위험한 시장으로 꼽히지만 딸랏 롯빠이는 그렇지 않다. 깔끔하고 넓은 건물도 마련돼 있다.

멋진 빈티지 가구며, 오래된 자동차, 옷, 신발 등이 여행자의 마음을 단숨에 사로잡는다는 시장이다. 걷기만 해도 예쁘다나. 독특한 구경거리도 많고, 잘하면 멋진 인테리어 용품도 살 수 있다고 하니 안 가 볼 수 없다. 방콕의 지상철 노선도를 보며 한숨을 쉬었다. 노선도 한쪽 끝부분에 있는 BTS 우돔숙 역. 하, 너무 멀다. 게다가 역에서 내려 택시도 타야 한다. 핸드폰을 100% 충전하고, 지도와 바트화를 챙겨서 호텔을 나섰다. "내가 길을 잃고 전화하면 꼭 데리러 와 줘."라는 비장한 말을 남긴 채….

이 시장은 BTS 우돔숙 역이나 방나 역에서 택시를 타고도 약 15~20분 정도 걸린다. 오후 5시부터 밤 12시까지 열린다. 나중에 알게 된 사실이지만, 도심 한복판에 '딸랏롯빠이2'도 있단다. MRT 타이랜드컬쳐랜드 역 부근이다. 이곳 역시 방콕 젊은이들의 핫플레이스로 손꼽힌다고 한다.

다 먹어 보고 싶지만 막상 마주치면 못 먹을 때가 더 많다.

딸랏 롯빠이,
딸랏 롯파이…

길을 모른 채 출발했다. 남편은 내게 내비게이션을 이용하는 법을 알려 줬다. 부끄럽지만 이런 기술적인 면에서 늘 뒤처지는 유형이다.

“택시를 타고 구글맵 화면을 보여 줘. 내비게이션으로 보고 있다는 것을 알려 주는 거지.”

정말 유용한 방법이었다. 구글맵은 그런 점에서 아주 도움이 됐다. 가끔 지도를 못 읽는 척 돌아가는 택시기사를 만나기도 했지만.

BTS 우돔쑥 역. 택시 정류장은 생각보다 빨리 발견했다. 차례로 줄을 서 있으면 되니 눈치 볼 일도 없었다. “딸랏 롯빠이” 라고 외쳤다. 자신 있게 내비게이션을 켜고 목적지를 가리켰다. 그런데 택시기사는 고개를 갸우뚱해 보였다. 예감이 좋지 않다. 가는 동안 몇 번 유턴도 했다. 의심이 뭉게뭉게 피어올랐다. 들어가야 할 골목도 지나치기 일쑤였다. 안전하게 목적지에 도착하는 데 의미를 두기로 했다. 그렇게 어렵게 시장에 도착했다. ‘딸랏 롯빠이’라며 좋아하자 택시기사가 말했다.

“너 시장에 가는 거였어?”

고개를 끄덕이자 크게 웃는다.

“왜 말 안 했어?”

그는 거스름돈을 주며 웃었다.
나는 억울한 미소를 지으며
'출발할 때 계속 딸랏 롯빠이라고 했잖아….'
라고 속으로 대꾸할 뿐이었다.

99바트짜리 아기 원피스

빈티지 시장으로 워낙 이름난 곳인 만큼 안쪽으로 갈수록 빈티지시계, 모터사이클, 인테리어 소품 가게가 줄을 잇는다. 가끔 팔에 문신이 가득 그려진 주인이 서 있어 왠지 모르게 한껏 움츠러들기도 했다. 예쁜 그림이 그려진 운동화, 아로마 제품, 핑크 잠옷만 가득한 가게도 이어진다. 타로점을 봐 주는 곳도 있다. 태국어를 알아들을 수 있다면 덥석 앉아 봤을 듯하다.

그중에서도 마음에 쏙 들었던 곳은 아기 옷 가게였다. (아줌마티가 나지만….) 아기의 여름 원피스가 한 벌에 99바트였다. 우리 돈 3천원밖에 안 한다. 그 조그맣고 귀여운 모양이란. 손바닥 두 개만 한 원피스에 이국적인 느낌의 꽃이 잔뜩 그려져 있다. 색깔도 화려해서 귀엽다. 한 벌 고르는 데 10분이 넘게 걸렸다. 지금 생각해 보면 그냥 여러 개 살 것을…. 때로는 이렇게 쓸데없는 것을 고민하느라 시간을 허비하곤 한다.

▲ 아이러브방콕 티셔츠. 구매하진 않았지만 사진을 보니 귀엽다.
▼ 독특한 디자인의 아동복 가게

방콕의 운세, 타로점 보는 곳

바나나
로띠

이곳저곳을 구경하느라 배가 고파 왔다. 길거리 음식은 어쩌면 이리도 종류가 많은지, 볼 때마다 신기하다. 커다란 물고기를 통째로 구워 주거나 돼지고기로 만든 꼬치구이, 우리나라 육전 같은 고기전을 파는 가게들이 불을 밝히고 있다. 냄새가 그야말로 예술이다.

탐색 끝에 바나나 로띠를 파는 곳을 발견했다. 찰기가 있는 반죽을 축축 펼치더니 바나나를 즉석에서 썰어 놓고는 착착 접는다. 마치 가마솥 뚜껑 같은 팬에 기름을 두르고는 지직지직. 연유를 뿌려 줄까, 설탕을 뿌려 줄까. 질문도 달콤하다. 연유를 선택하니 스스슥 뿌리고, 뚜껑을 덮고, 포크 두 개를 푹푹 꽂아 준다.

로띠를 산 이유는 시무룩한 처자 때문이었다. 그녀는 두건을 쓴 채 단 한 번도 웃지 않고 로띠를 구웠다. 하루 종일 같은 일을 반복한다 생각하면 그것 참 답답하겠다. 일상에서 탈출해 플리마켓을 구경하며 행복해하는 나와는 달리, 그녀는 아무래도 이 플리마켓에서 탈출해야 행복할 것 같은 얼굴이다. 로띠를 사면서 혼자서 남의 삶을 고민해 봤다.

비가 내렸다. 나이트마켓은 순식간에 후루룩 젖었다. 이럴 줄 알고 미리 우산을 준비했지! 몇 번이나 나이트마켓에서 비를 맞은 기억 때문이다. 시장 한편의 벤치에서 로띠를 먹는다. 생각보다 달콤하고 쫄깃한 맛이 일품이다. 피로와 허기가, 시무룩한 처자의 달콤했던 질문만큼이나 살살 녹는다.

다시
첫날이고 싶다

큰 나무 아래에 멋진 야외 칵테일 트럭이 서 있다. 제멋대로 놓인 나무스툴도 멋스럽다. 누군가 함께 왔다면 좋았을 것을…. 혼자 술을 마시기에는 영 기분이 나지 않는다. 아쉬워하며 돌아서 나오는데 걱정거리가 생겼다. 집에 돌아가려면 역까지 또 택시를 타야 한다. 택시 정류장에 왔을 때쯤 한국어가 들렸다. 여자 관광객 둘이었다.

"혹시 한국 사람이세요? 역까지 택시 같이 탈까요?"

오늘이 방콕 여행 첫날이라는 그녀들은 이곳 딸랏 롯빠이가 여행의 첫 코스라 했다. 가는 동안 여행 이야기를 들으니 기분이 좋다. 내리면서 택시비 절반과 남은 바트화 동전을 건넸다.

"어차피 전 오늘 방콕 여행 마지막 날이에요."

여행 첫날은 참 기분 좋은 날이다. 방콕에 처음 도착해서 공항을 나설 때의 설렘이 떠오른다. 호텔에 가방을 내리고 뽀송뽀송한 침대에 눕던 순간도, 처음 날이 밝았을 때의 상쾌함도 그립다. 다시 첫날이었으면 좋겠다.

견과류 등에 달콤한 설탕을 입힌 예쁜 간식. 맛있는 줄 알고 샀는데 맛없다.

▲ 큰 물고기를 즉석에서 구워 준다.
▼ 바나나로띠를 파는 여자

왠지 모르게 끌리는 칵테일 트럭

시장 여행 꿀팁

방콕의 플리마켓

방콕은 플리마켓의 도시라고 해도 과언이 아니다. 그중에서 나이트마켓은 백미다. 낮에는 무더위에 지쳐 쉬던 사람들이 저녁 바람이 불 때면 하나둘 시장으로 모여든다. 그리고 밤 12시가 넘도록 들썩거리며 한바탕 잔치 같은 나이트마켓을 연다.
방콕의 나이트마켓은 보통 오후 4시~5시에 열어 자정까지 계속된다. 하지만 개장, 폐장시간이 정확히 지켜지는 것은 아니다. 오후 5시에 시작하는 시장이라고 해도 판매자들이 하나둘 모여들고 제법 그럴듯한 시장이 열리려면 한 시간 정도는 걸린다. 그리고 밤12시 정각에 끝난다 해도, 어떤 날엔 그 시각이 새벽 1시가 되기도 한다. 설렁설렁 구경하면서 즐겁게 놀다 보면 오히려 시간이 짧게 느껴진다.

오리엔탈 소품들이 가득해 마치 터키 같은 분위기를 연출하고 있는 아시아티크 야시장, 배낭여행자들이 자유롭게 모여드는 카오산로드 야시장Khaosan night market, 예전에는 전기가 없어 손전등을 들고 물건을 팔았다는 끌롱톰 야시장KhlongThom night market, 남대문 시장 같은 실롬 팟퐁 야시장Patpong night market 등 정말 도시 곳곳에서 나이트마켓이 반짝인다.

신기한 장신구와 인형, 화려한 무늬의 스카프…. 온갖 물건들이 모여 있어 구경하는 재미가 제법 쏠쏠하다. 독특한 모양의 그릇도 많고, 이국적인 길거리 음식과 처음 보는 해산물을 즉석에서 구워주는 묘미도 있다. 여기에 곁들여 맥주를 한잔하면 더없이 즐거워진다. 나이트마켓을 구경하다 보면 태국 사람들이 이렇게 흥겨웠던가 다시 생각하게 된다. 수많은 야시장의 매력 속에 흠뻑 빠지고 만다. 밤이 깊어질수록 시장의 분위기는 후끈 달아오른다. 이따금 비가 쏟아져도 아무렇지 않은 듯 나이트마켓은 끊어질 줄을 모르고 계속해서 이어진다. 지상철, 지하철이 끝나더라도 택시비가 저렴하기 때문에 손쉽게 이동할 수 있다.

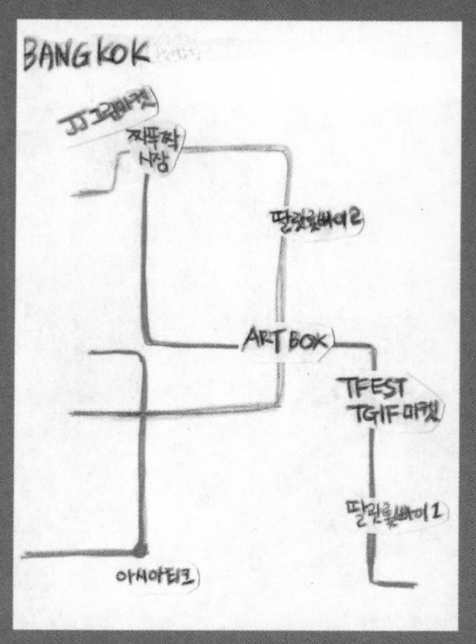

방콕 플리마켓 지상-지하철 노선도

방콕 플리마켓의 또 다른 매력 포인트는 팝업으로 열리는 감성 플리마켓이다. 방콕 젊은이들과 예술가들이 모여 SNS로 장소를 공지한다. 여행 기간이 운 좋게 개장 시기와 맞물린다면 한 번쯤 나들이 가 볼 만하다. 멋들어진 조명과 장식물에 플리마켓 분위기는 그야말로 한층 사랑스러워진다. 귀여운 소품, 젊은 예술가들의 작품 등을 구경할 수 있다. 서울 못지않게 아름다운 방콕 젊은이들의 플리마켓은 보고만 있어도 기분이 들뜬다.

예쁘게 꾸며진 시장이기 때문에 아름다운 SNS용 사진도 맘껏 찍을 수 있다. 다만, 플리마켓 오픈시간이 비정기적이고 열리는 장소도 바뀌기 때문에 SNS 공지를 눈여겨봐야 한다. TGIF Market(www.instagram.com/tgifmarket), ART BOX(https://ko-kr.facebook.com/Artboxthailand) 등의 플리마켓은 방콕 젊은이들 사이에서 인기 만점이다.

1. 방콕 짜뚜짝 시장

위치 방콕 지상철 BTS종점 수쿰빗라인 모칫 역 부근 (초록색), MRT 깜펭펫 역(Kampheng Phet)

운영시간 매주 토요일, 일요일 아침 9시부터 오후 5시 반
수~목 나무, 꽃 매장 오픈, 금 일부 매장 오픈
금요일 오후 9시부터 새벽 3시까지는 야시장

규모 1만 5천 개 상점으로 추정

특징 플리마켓은 아니지만 잡동사니를 많이 파는 재래 시장. 가격도 저렴하다. 예술품, 기념품, 주방 용품, 인테리어용품, 가구 등 섹션별로 나뉘므로 지도를 미리 참고할 것.

2. JJ그린마켓

위치 짜뚜짝 시장에서 도보 10분 정도

운영시간 목~일 오후 5시부터 밤 12시까지

특징 젊은 판매자가 많은 나이트 플리마켓. 품목도 다양하고, 판매대 모양도 제각각이어서 구경하는 재미가 있다. 100바트짜리 구제옷이나 장신구, 골동품 등이 많다. 술집, 식당 등이 붙어 있어 식사, 쇼핑, 관광 모두 가능하다.

3. 아트박스(ART BOX)

위치 수쿰빗 역 인근, 프롬퐁 역 인근 등 장소가 계속 바뀌므로 페이스북 공지 검색 후 찾아가야 한다.

운영시간 비정기적이므로 역시 공지를 확인하길 바란다.

특징 규모는 크지 않으나 분위기가 젊고, 아기자기하고, 활기차다. 은은한 조명과 예쁜 푸드트럭, 포토존 등이 어우러져 동화 속 마을 같은 감성의 플리마켓. 젊은 예술가들의 초상화, 그림을 그린 티셔츠, 독특한 장식품 등이 볼거리다. Great Outdoor Market과 함께 SNS 공지 후 팝업으로 열리는 시장이므로 방문 전에 반드시 공지를 확인할 것.

4. 딸랏롯빠이 1(Talat Rod Fai 1, 시나카린 야시장)

위치 BTS Udom Suk(우돔숙)역에서 택시로 약 10분

운영시간 목, 금, 토(오후 4시~밤 1시), 일(오후 4시~밤 12시)

특징 빈티지 인테리어 소품이나 가구 등이 많아 빈티지 마켓으로 유명하다. 독특한 디자인의 옷이나 신발, 먹을거리도 다양하다. 밤에 분위기가 좋아 데이트 코스로도 인기 있다.

5. 딸랏롯빠이 2

위치 MRT Thailand cultural Center(쑨 왓타나탐) 역 3번 출구 ESPLANADE 건물 부근

운영시간 월요일 휴장. 목~일 오후 5시~밤 12시

특징 방콕 젊은이들의 핫플레이스로 꼽히는 곳이다. 다양한 먹거리와 술집이 많아 흥겨운 야시장을 즐길 수 있다.

6. TFEST(TGIF 마켓)

위치 통로역 1번출구 cental world square

운영시간 금~일 오후 3시~밤 11시

특징 TGI Garden TFEST Market이라고도 부른다. 방콕에서 눈에 띄는 트랜디한 플리마켓. 음악과 식물, 푸드트럭, 장식물 등이 어우러진 감성 플리마켓을 구경할 수 있다. 인스타그램에서 'tgifmarket'을 팔로잉하면 일정을 확인할 수 있다. 귀여운 디저트도 많아 SNS에 많이 소개되는 곳. 사진이 예쁘게 나오는 점이 장점이라고 함.

7. 아시아티크 야시장(Asiatique night market)

위치 BRT 사판탁신 역 1층 선착장에서 무료 셔틀보트 이용

운영시간 오후 4시부터

특징 반짝이는 대관람차 불빛에 셔틀보트에서 선착장에 내리는 순간부터 화려한 분위기를 자랑하는 곳이다. 터키 이스탄불 한복판이라는 느낌이 들 정도로 이국적인 가게들도 많고, 물건들도 독특하다. 야외에 놓인 의자에 앉아 음료를 마시며 지나가는 사람들을 구경하는 재미도 있다.

"오밀조밀 즐거워"

PLACE 2.

TOKYO

#1

도심 한복판의 즐거움, 신주쿠중앙공원 플리마켓

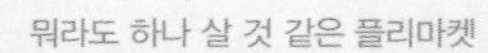

뭐라도 하나 살 것 같은 플리마켓

아침에 구경하는 플리마켓

일본의 소소한 동네 벼룩시장이 보고 싶었다. 이름난 플리마켓이 아니라, 진짜 보통 사람들이 자기 물건을 들고 나오는 시장. 그것도 아침에 갈 수 있으면 좋겠다. 도쿄 지하철 노선도를 꼼꼼히 짚어 보며 가 볼 만한 시장을 물색했다. 도쿄 플리마켓 일정은 frima.fmfm.jp 홈페이지에 상세히 나와 있다.

아침 10시에 시작하는 시장은 꽤 많다. 요요기공원 플리마켓, 도쿄국제포럼 플리마켓, 오오이 경마장 플리마켓 모두 아침에 시작한다. 보통 오전 9시 반에서 10시 사이에 시작한다. 신주쿠 중앙공원 플리마켓은 오전 10시부터 3시까지 열렸다. 아무래도 신주쿠 역이 편할 것 같다.

오랜만에 가는 신주쿠 역은 여러 개로 나뉘어 있었다. 지하철 노선도를 살펴보니, 신주쿠 역을 중심으로 니시신주쿠, 신주쿠 산초메, 니시구치 신주쿠, 히가시 신주쿠 등 수많은 신주쿠 역들이 모여 있다. 어느 역일까. 우선 제일 큰 글자로 적혀 있는 신주쿠新宿 역으로 향했다.

역무원이 신주쿠중앙공원고엔과 신주쿠교엔이 있다고 알려 줬다. 고엔公園은 공원, 교엔御苑은 정원이다. 플리마켓이 열리는 곳은 신주쿠고엔, 즉 공원이다. 신주쿠교엔新宿御苑은 일본 황실의 정원으로 일본 · 영국 · 프랑스 양식 등으로 꾸며져 있다고 한다.

▲ 돗자리 주인의 감성이 묻어나는 품목들
▼ 온갖 소장용 인형들이 출점된다.

여기도 역시 신주쿠교엔마에新宿御苑前 역이 따로 있다.

신주쿠중앙공원 플리마켓은 도초마에都庁前 역에 있었다. A5 출구까지 제법 걸어야 했지만, 나가는 순간 바로 플리마켓 간판을 만날 수 있다.

오렌지색 트렁크를 만나다

신주쿠중앙공원은 땡볕이 내리쬐는 광장이었다. 한쪽에는 큰 나무 그늘과 분수도 있었지만, 중앙에 배정받은 판매자들은 얼굴이 벌겋게 익어 있었다.

더위를 피해 큰 나무 아래에 있는 돗자리로 직행했다. 어느 플리마켓을 가든 상관없이 발길은 그릇이나 장신구로 먼저 향한다. 딱히 요리를 많이 하는 것도 아닌데도, 신기하고 이국적인 디자인의 그릇은 보는 재미가 꽤나 쏠쏠하다. 여기다 아이스크림을 담으면 예쁘겠다. 와인을 이렇게 따라서 쭉! 머릿속으로 즐거운 상상을 하며 손에 들어서 요리조리 살펴본다.

그중에 그 아이가 있었다. 수줍은 미소를 띤 소녀. 머리를 양 갈래로 땋고 귀여운 앞치마형 원피스를 입었다. 영락없이 동화 속 주인공같이 생겼다. 갖고 나온 물건도 소녀만큼이나 앙증맞고 귀엽다.

WOODEN NOVELTY
STAPLER
Cookies
ニッコリパン
CHOCOLATE

제일 귀여웠던 플리마켓 부스

선명한 오렌지색 트렁크에는 핑크색 소꿉놀이들이 가득 채워져 있었다. 귀여운 소녀와 멋진 트렁크가 마치 한 세트 같다. 손톱만 한 비즈, 요술봉, 조그만 사탕상자 등이 오목조목 정리돼 있다. 모두 제자리가 있나 보다. 오랜만에 손님이 온 건지 소녀가 활짝 웃으며 트렁크 속 물건들을 하나하나 설명해 준다.

"이쪽 유리병 안에 있는 건 한 개에 500엔이고, 이쪽 유리병 안의 것은 한 개에 300엔이에요."

"이 유리병 안에 뭐가 있는데?"

"조그만 비즈, 오래된 인형과 장난감이에요. 저건 세일러문 요술봉 같죠?"

말을 마칠 때마다 쑥스러운 듯 웃음을 머금는다. 풋풋함. 여림. 귀엽다. 신비롭고 사랑스럽다. 처음에는 '이런 걸 누가 사 가지?' 괜한 걱정을 했다. 하지만 트렁크 앞에 앉은 지 10분도 채 안 돼 나도 모르게 예쁜 조각케이크 모양의 상자를 샀다. 빨간 앵두 두 알이 앙증맞게 달려 있다. 깨알 같은 글씨로 '500'이라고 쓴 스티커를 붙여 놓았다. 500엔. 정말 그녀다운 가격표다. 오렌지색 트렁크가 통째로 탐난다.

아리타 야끼!
그게 뭔가요

땀이 흐르기 시작했다. 나무 그늘에 있는데도 그리 시원하지는 않다. 크리스털 그릇이 잔뜩 놓여 있는 곳이 보였다. 보는 눈이 시원하다. 앤티크 해 보이는 와인잔 두 개가 눈에 띄어 가격을 물어봤다.

"아리타 야끼에요. 아리타 야끼."

대머리 아저씨는 연신 강조한다. 아리타 야끼가 뭘까. 유명한 것인지 물어보니 그렇단다. 가격은 3,000엔. 어디 가서 이 가격에 절대 살 수 없다고 또 반복한다. 판매자의 말을 100% 신뢰할 수는 없겠지만 솔깃하다. 말을 듣고 보니 어쩐지 좀 고급스러운 것 같기도 하고. 상자에 고이 포장돼 있는 것을 보니 또 좋아 보이고. 결국 구입 결정! 플리마켓에서는 이렇게나 귀가 얇다.

대머리 아저씨는 선물할 거냐고 묻고는 선물 포장을 해 주겠단다. 직접 쓸 거라니까 웃으며 어디에서 왔냐고 묻는다. 한국에서 왔다고 하니 잠시 고민하던 아저씨.

"외국인이니까 내가 가방에 이름을 써 줄게."

쇼핑백에 'ARITA YAKI'라고 영어로 빨갛게 써 준다. 이런 친절이라니. 부끄럽다. 쇼핑백을 갖고 다니는 내내 그릇을 파는 사람들이 한마디씩 했다.

"오! 아리타 야끼네요. 언제 다녀왔어요?"

하고는 자기들끼리 "스고이데스네."로 마무리된다. 놀라운 아리타 야끼의 품격.

플리마켓을 구경하느라 더위에 지치니, 역시 커피가 절실해진다. 마침 바로 옆에 있는 스타벅스에서 쉬면서 잠시 검색을 해 봤다. 일본 사가현에 있는 아리타有田는 정말 도자기로 유명한 마을이었다. 도자기 축제도 연단다. 그 동네 그릇들은 상당히 예쁘다. 인터넷에서 찾은 비슷한 모양의 와인잔인 아리타야키 코리마리 와인컵 컬렉션(소) 6잔 세트는 상자를 포함해 3만 엔이었다. (나중에 보니 살짝 때운 흔적이 있었지만 오케이. 플리마켓 만세!)

▲ 앤티크한 주전자와 와인잔
▼ "외국인이니까 쇼핑백에 특별히 상품 설명 써 줄게."

#2

아오야마 앤티크 마켓 & 파머스마켓

앤티크 마켓의 한 그릇가게

아오야마도오리보다
유엔대학 앞

도쿄 플리마켓 소개를 살펴보니, 위클리 앤티크 마켓Weekly Antique Market이 있다. 판매부스가 30개 정도라 가지 않을 생각이었지만, '앤티크 마켓'이라는 말에 끌렸다.

오후 시간이라 거의 끝나 갈 무렵이지만 한번 가 보기로 했다. 보통 플리마켓은 폐장 무렵에 가면 재미가 없다. 인기 있는 물건은 다 팔리고, 떨이로 파는 물건들만 남기 때문이다. 저렴하게 떨이로 살 수 있다는 점에서는 좋지만, 판매자들도 장사를 접는 분위기라 그리 활기차지는 않다.

플리마켓은 오모테산도 부근에 있다. 시부야 역에서 오모테산도 역으로 향하는 '아오야마도오리青山通り'. 살짝 오르막길이다. 하지만 길을 물어볼 때 아오야마도오리가 어디냐고 하면 사람들이 잘 알지 못한다. 우리도 외국인이 도로명을 물어보면 쉽게 안내해 주기 어려울 것이다. 파머스 마켓은 유엔대학교에서 주최한다. 그러니 유엔대학이 어디냐고 묻는 편이 낫다.

아오야마도오리는 카페나 옷가게 등이 길을 따라 쭉 있다. 오래된 책을 파는 고서점도 보였다. 도대체 시장은 언제 나오는 거지. 지쳐 갈 때쯤 '파머스마켓'이라는 글자가 보였다.

▲ 채소들이 너무 예쁜 아오야마 파머스 마켓
■ 세계 각국의 오이와 수세미와 할라피뇨
▼ 어마어마하게 큰 생강

이탈리아 오이와 이스라엘 오이

파머스마켓의 풍경에 눈이 휘둥그레졌다. 색색의 과일과 채소들이 너무나 사랑스럽게 어우러진다. 물에 꽃처럼 담가 둔 아스파라거스 다발과 울퉁불퉁한 고야여주, 방금 막 따온 듯 싱싱한 할라피뇨, 튼튼하게 생긴 마늘과 생강, 국수호박 등 낯선 야채들이 즐비하다. 총천연색 자태를 뽐내는 야채들이 신기하다. 마치 유럽 어디쯤의 파머스마켓에 온 것처럼 이국적이고 멋진 시장이다.

더운 날씨에 마사지라도 해 볼까 싶어 오이를 구경했다. 평소 마트에서 보던 오이가 아니다. 둥그스름하거나 애호박 같은 크기의 오이들이 예쁘게 놓여 있다. 오이가 이렇게 다양한 모양일 수 있구나.

"이건 이스라엘 오이예요. 이스라엘, 이란에서 주로 기르죠."

"저 동그란 것도 오이예요?"

"네. 이탈리아 오이예요."

"수입하신 거예요? 직접 기르신 거예요?"

"씨앗을 수입해서 심어서 기른 거예요. 저분들이 길렀죠."

판매대 뒤쪽에 나이 지긋한 아저씨 둘이 미소를 짓고 있다. 너무나 귀여운 오이들이라 이것저것 사 보고 싶었다. 하지만 일단 이스라엘 오이를 가져가 볼까. 계산을 마치는데 그녀가 살짝 둥근 호박 같은 이탈리아 오이를 가방에 쓰윽 넣어 준다.

"서비스예요. 먹어 보세요."

난생 처음 본 오이를 먹어 볼 생각에 잠시 마음이 설레 버렸다.

바오밥나무 열매 청년

"바오밥나무 열매 본 적 있어요?"

눈이 마주친 한 청년이 대뜸 묻는다. 고개를 저었다. 와서 구경하란다. 곰팡이 핀 검정색 망고 같은 열매가 덩그러니 놓여 있다. 바오밥 열매라고 했다. 생텍쥐베리의 소설 『어린 왕자』에 나오는 나무의 열매를 도쿄에서 만나게 될 줄이야.

청년은 재미있는 것들을 팔았다. 드래곤 후르츠나 카카오 가루, 바오밥나무 열매 가루, 파인애플 말랭이…. 먹으려고 산다기보다 신기해서 살 것 같은 품목들이다. 그는 바오밥나무 가루를 덜어서 먹어 보라며 내게 건넸다. 아주 쪼금 혀끝에 대 보았다. 시큼한 맛이 감돈다.

"특이한 과일들을 파네요."

했더니 카카오 말랭이도 먹어 보란다. 바오밥 열매의 신맛 때문에 단호히 거절했다. 바오밥 열매는 어디에서 수입하느냐고 물으니, 아프리카 세네갈에서 들여온단다.

▲ 퀴즈! 이곳에서 이스라엘 오이를 찾아보시오.
▼ 시원한 녹차 한 잔

"이 열매도 팔아요? 얼마예요?"

하고 물었더니 5천 엔에 판단다. 사실은 수입하는 열매의 가격은 40달러인데 쉽핑코스트 등을 제외한 가격이란다. 그러고는

"요요기공원 근처에 오면 꼭 가게에 놀러 오세요."

라며 "Nook's food"라고 쓰여 있는 명함을 건네준다. 나중에 한국에 와서 보니 요즘 건강식품으로 주목받는 나무 열매라나 뭐라나.

시즈오카 녹차 한 모금

날씨가 무더웠다. 시원한 녹차 시음이 좋았다. 더운 날씨 탓에 얼굴이 붉어진 순박하게 생긴 소녀가 호지차를 따라 줬다. 너무 더워서 그 옆을 떠나고 싶지 않은 마음에 한 잔 더 마셨다.

"시즈오카현에서 저희 아버지가 무농약으로 기른 녹차예요."

"무농약 녹차?"

'무농약'이라는 단어는 왠지 귀를 쫑긋하게 만든다. 시즈오카静岡. 고요한 언덕이라는 지방 이름도 왠지 녹차와 어울린다.

소녀가 가리키는 사진 속에는 그녀의 아버지로 추정되는 사람이 녹차 밭에서 녹차를 들고 있다. 녹차 맛이 향긋하니 너무도 좋다. 일본 녹차라면 일부러라도 사가니 사지 않을 수 없다. 나

중에 찾아보니 시즈오카현은 후지 산과 녹차가 유명하다고 한다. 호텔에 와서 봉지를 열어 보니 조그만 사탕 두 개도 들어 있다. 귀여운 시즈오카 인심.

일본에서 만난 프랑스의 새해 전통문화

바로 옆에 붙어 있는 앤티크 마켓으로 들어섰다. 황학동 벼룩시장처럼 할아버지들이 나와서 골동품을 판다. 파는 품목이 양식 테이블 세팅을 위한 것들이다. 은쟁반과 은으로 된 포크와 스푼, 찻잔, 브로치도 있고, 일본식 나무 술잔도 있다.

특히 앤티크 마켓에서 눈길을 끄는 것은 은식기와 은 커트러리다. 샐러드를 버무릴 때 쓰는 커다란 포크 모양의 그것과 스프를 떠먹음직한 멋진 스푼. 멋지다. 하나 사 볼까 했더니 포크와 스푼 세트가 1,200~1.500엔이다. 이건 그나마 저렴한 축이고, 과일이나 샐러드를 집는 가위 모양의 집게는 3,800엔이란다.

손톱만 한 도자기 인형들이 가득한 바구니가 보인다. 고양이, 아기 곰 푸우, 요리사 모양, 그냥 단추 같은 것들이 가득하다. 뭘까. 그냥 인형이라고 보기엔 너무 조그맣다. 궁금한 마음에 물어보니, 케이크를 구울 때 넣는 작은 장식이라고 한다.

"프랑스에서는 새해에 케이크에 이 장식물을 넣고 구워요. 나중에 자르면 누구 접시에 들어 있는지 보는 거죠. 이게 들어 있으면 럭키!"

나중에 찾아보니, 프랑스의 새해 전통인 '갈레트 데 루아'였다. '왕의 과자'라는 뜻이라고 한다. 갈레트 빵 반죽 속에 사기로 된 인형이나 누에콩 등을 넣는데, 만약 당첨되면 그날의 왕이나 여왕으로 대접을 받는단다. 재미있는 풍습이다.

더운데 고생 많은 아기 염소

▲ 플리마켓에서 커피가 땡길 때
▼ 멋진 색의 양철 주전자

▲ 일본 특유의 느낌이 나는 나무 상자
▼ 은 커트러리 세트가 눈길을 사로잡는다.

フェーブ
100~600円

이 작은 인형들의 정체는?

#3

일본 빈티지 마켓, 오오에도 골동품 시장

여행가방으로 못 쓸 것 같은 가방과 세수를 못할 것 같은 대야

과거로 가는 타임머신

주말 하라주쿠의 요요기공원은 붐빈다. 이날은 오오에도 골동품 시장이 열리는 날이라 특히 북적북적했다. 오오에도 골동품 시장은 일본 내에서도 꽤 인기가 높은 벼룩시장이다. 시장은 아침 8시부터 오후 4시까지 열린다.

'메이지진구마에'메이지신궁 앞 역(조그맣게 '하라주쿠'라고 쓰여 있다) 2번 출구에서 체육관 쪽으로 건너가면 된다. 요요기공원 안으로 들어가면 본의 아니게 산책을 하게 될 수 있다.

일본의 골동품 마켓은 타임머신 같다. 플리마켓 입구로 들어서는 순간 에도시대 중간쯤이나 1950년대 부근의 골목 한복판에 있는 듯한 느낌이 든다. 그 골목은 아름다운 전통 물건들과 그림, 오래된 엽서, 악기 등으로 가득 차 있다. 기모노를 파는 옷가게도 이따금씩 눈에 띈다. 기모노를 입은 중년 여인이라도 만나면 흑백 사진 가운데 선 것만 같다.

하지만 한편에는 현대의 아름다운 주방용품, 명품 그릇, 인형, 가구 등이 또 반긴다. 마치 꿈을 꾸듯, 옛날과 현대의 중간지대를 거니는 기분이다. 마치 다른 세계에 온 듯 즐거운 여행이다.

▲ 자기만의 잔을 고르기
■ 저 커피잔을 들고 우아하게 티타임하고 싶다.
▼ 과자통이라면서 왜 이리 예쁜 겁니까.

야마하가 가구회사였어?

길 양쪽으로 쭉 늘어서 있는 골동품 시장의 초입부터 멋진 고가구가 놓여 있는 가게가 발길을 끌었다. 조그만 문갑과 오래된 여행가방, 나무로 된 다부진 모양의 스툴이 마음에 든다. 스툴 의자를 집어다 거실 창가에 놓아두고 싶은 마음이 간절하다.

"일본의 오래된 악기상이 만든 가구예요. 피아노로 유명한 회사죠. 지금은 만들지 않지만요."

자세히 보니 '야마하'라고 쓰여 있다. 아하! 그 유명한 야마하에서 가구도 만들었다니. 고개를 끄덕였다. 나무 스툴은 아주 길이 잘든 강아지처럼 온순하고 매끈하다.

이 가게는 조그만 가구들을 많이 팔고 있었다. 해외 배송도 가능하냐니까 그는 웃으며 항구까지는 가져다줄 수 있다고 했다. 예전에 한국 사람이 와서는 가구를 사서 직접 가져간 적이 있단다. 하지만 이 스툴을 옆구리에 끼고 여행가방을 끄는 일은 상상하고 싶지 않아서, 못내 아쉽지만 고개를 저었다.

러시아의
100년 된 소금통

나무껍질로 만든 낡은 물병인가. 앞이 뾰족한 아기 신발인가. 바다를 표류했던 로빈슨 크루소의 물건일 것 같기도 하다. 묘한 물건이다. 하지만 물병이라고 하기엔 물이 다 새 버릴 것 같다. 생각에 잠겨 좀처럼 가격을 묻지 않자, 청년이 이내 말을 걸어온다.

"소금을 넣는 통시오이레입니다."

소금을? 여기에? 눈이 휘둥그레졌다. 여행 마니아 냄새를 폴폴 풍기는 주인장은 줄줄줄 설명을 이어 간다.

"시라카바しらかば, 白樺라고 알아요?"

고개를 갸웃하자, 그는 설명을 덧붙였다. 러시아의 추운 지방에서 자라는 껍질이 하얗고, 키가 큰 나무라고 했다. 일본 같으면 홋카이도쯤에 자란다고 한다. 아하! 자작나무! 자작나무의 껍질을 엮어 만든 소금통이란다. 이 러시아 소금통이 무려 100년 이상 됐다고 자랑 아닌 자랑을 한다.

"자작나무. 한국어로는 자작나무예요."

청년이 빙긋 웃는다.

"자장, 자장, 자장나무."

아이처럼 따라 하며 웃는다. 한국어를 아는 사람이 발음하면 멋진 나무 이름인데, 외국인이 말하니 '자장'이라는 발음이 우스꽝스럽다.

나무로 된 주전자와 인형

"여행을 가서 산 거예요?"

"아니에요. 러시아에 살고 있어요. 여러 가지 물건을 사 와서 파는 거예요."

이쯤 되면 가격도 한번 물어봐야지. 큰 소금통은 5,000엔이고, 조그만 통은 8,000엔이라고 한다. 조그만 통은 소금이 들어가지도 않을 텐데 왜 비쌀까. 왜 작은 것이 더 비싸냐니까 답은 간단했다.

"구두 모양이고, 더 예쁘니까요."

다시 보니 정말 구두 모양이다. 그렇지. 더 예쁜 것이 더 비싸지. 여기는 골동품 플리마켓이니까. 저것을 진짜 소금통으로 쓰려고 사는 사람은 없을 테니까.

건강하게 자라렴!
고케시 인형

"어머, 고케시야. 고케시!"

"너도 집에 많았지? 나도 많았지."

"지금은 다 정리해 버렸지. 하나도 없어."

동그란 아주머니들이 여고생들처럼 한꺼번에 웃는다.

고케시小芥子 인형. 나무로 된 인형들이 잔뜩 놓여 있다. 귀여운 단발머리 소녀의 얼굴과 유달리 긴 몸통이 눈에 띄는 인형이다.

궁금했던 고케시 인형

양념통 같기도 하다. 살짝 흔들어 보니 머리가 흔들흔들. 전통 인형임이 분명한데 용도를 잘 모르겠다. 기념품점에서 본 것 같기도 하다.

고케시 인형은 일본 여자아이 모양을 한 목각 인형이다. 원래 일본 도호쿠東北 지방에서 유래된 인형이라고 한다. 예쁜 아이 모양을 한 이 인형에는 건강한 아이를 기원하는 의미가 담겨 있다고 한다. 에도 시대에 신에게 제물로 바치거나 식량이 모자라 버린 아이들의 혼령을 위로하기 위해 만들어졌다는 설도 있다.

기념품점에서 파는 조그만 인형만 보다 이렇게 모여 있는 팔뚝만 한 인형을 보니 조금은 낯설게 느껴졌다. 고케시 인형이 가득 담긴 상자 앞에서 나도 하나 사 볼까 했다. 그러나 아이의 건강을 기원하는 인형이라면 이왕이면 새 인형을 사 주는 게 좋겠다는 생각에 아쉬운 마음을 뒤로하고 발걸음을 옮겼다.

이상한 낚시 가방,
그리고 '데빌 커트'

이상한 것을 발견했다. 기둥에 걸려 있는 가방 하나가 눈길을 잡아끈 것이다. 구멍이 뚫려 있는 나무로 된 가방은 마치 새집처럼 생겼다. 뚜껑도 있어 뭔가 별도의 용도가 있는 듯하다. 패션이라고 우기기에는 조금 웃기다.

▲ 독특한 인형들
■ 복을 가져다주세요. 데빌 사절.
▼ 플리마켓 쇼핑 나온 할아버지

밀키짱 인형. 진가를 알아보지 못해서일까. 엄청 비싸게 느껴졌다.

"이건 가방인가요?"

"낚시 가방이에요. 물고기를 넣는 곳이죠."

주인아저씨는 직접 가방을 메고 시범을 보여 준다. 뚜껑도 열어서 보여 준다. 모이에사를 넣는 곳이라고, 물고기를 낚으면 바로바로 가방에 넣는다고 한다. 그제야 의문이 풀렸다. 아주 기능적인 가방이다. (이걸 메고 낚시하고 싶지는 않지만)

바로 밑에는 아주아주 오래된 것으로 추정되는 다리미도 놓여 있다. 보기에도 골동품이다. 오오에도 앤티크 마켓에는 이런 종류의 물건들이 곳곳에 포진해 있다. 그래서인지 구경하는 재미가 더욱더 쏠쏠하다.

다른 쪽에는 덩치가 크고 눈이 부리부리한 청년이 치렁치렁한 붉은 옷을 입고 쪼그리고 앉아 있다. 그 옆에는 중년 여성이 있는데, 청년의 엄마 같다. 청년의 덩치에 비해 판매대는 매우 작았다. 자세히 보니 커다란 종처럼 생긴 것이 놓여 있다. 뭘까. 붉은 나무로 만들어졌는데 모양새가 투박하다. 뭔가 예사롭지 않은 물건 같다. 딸랑딸랑 종이냐고 물으니, 스님이 쓰는 것이라고 한다. 아! 목탁이다. 아주머니가 바짝 다가앉으며 말한다.

"아주 희귀한 물건이야. 산다면 할인해 줄게."

라며 슬쩍 제안을 한다.

"그런데 이 커다란 것을 어디다 쓰죠?"

"장식용으로도 좋고."

하고는 한참 생각에 잠기더니,

"나쁜 일이 안 생겨. 데빌 커트!"

악마가 못 들어온단다. 크게 웃음이 터져 버렸다. 아주머니도 본인의 설명이 웃긴지 해맑게 파이팅 하는 포즈를 취하며 외친다. 데빌 커트devil cut! 눈이 부리부리한 청년도 웃음을 터뜨렸다. 얼마나 유쾌한지, 하마터면 살 뻔했다.

명품 북유럽 그릇이 가득한 돗자리

아침에는 하늘이 파랬었다. 장마철이라 햇빛이 쨍쨍하니 기분이 좋았다. 그런데 호텔 직원 할아버지는 "우산을 가져가는 게 좋을 거예요. 갑자기 비가 올지도 모릅니다."라고 했다. 웃으며 고개를 끄덕였지만, 사실 우산을 챙길 생각은 없었다. 하지만 마지막에 방문을 나설 때 괜히 마음에 걸려 우산을 집어넣었다.

아니나 다를까. 쨍하던 하늘이 어두워지더니 '후두둑 쏴아' 하고 소낙비가 쏟아진다. 판매자들이 당황한 사이, 골동품들은 순식간에 젖어 버렸다. 아침에 설마하며 챙긴 우산을 펼쳤다. 어르신 말씀을 듣길 참 잘했다.

우산을 쓰고 보니 비에 젖은 플리마켓은 그 나름대로 새롭다. 비닐을 씌우느라 분주한 판매자들을 보며 한참을 빗속에 서 있었다. 바쁜 화면 속에 나 혼자 멈춰 서 있는 기분. 비가 살짝 그치자, 건너편 돗자리에 눈길이 닿았다.

색색의 예쁜 그릇들이 일정하게 정리돼 있다. 대부분 명품 그릇이다. 어느 살림꾼 주부가 애장품 그릇들을 플리마켓에 내놓았군. 얼마나 아까웠을까. 하던 순간에 인사를 건네는 판매자가 청년이다. 이렇게 예쁜 그릇을 모은 그 청년이 신기하다.

'ARABIA'라는 그릇을 집어 보니 핀란드의 유명한 그릇 가게란다. 아라비아 핀란드 투오키오. 푸른 코발트색 점으로 된 무늬가 깔끔하다.

"한 점 한 점 손으로 다 그려서 만드는 그릇이에요. 같은 모양이 없죠."

아라비아 핀란드는 핀란드의 대표 도자기 브랜드다. 1873년 창업해 100년 넘는 역사를 지니고 있다고 한다. 아라비아 팩토리의 가마는 1년 내내 가동된다고 한다. 그래서 비싼 것이었구나. 1만 엔이라는 이름표를 단 컵은 어느새 의기양양한 자태를 뽐낸다. 분명 하나쯤 마음에 드는 것이 있을 텐데….

섣불리 발걸음을 옮기지 못하고 있었는데, 또다시 후드득 비가 쏟아지는 바람에 정신없이 일어섰다. 멋진 자태를 뽐내던 컵도 흠뻑 물벼락을 맞았다. 미련이 남았지만 다음을 기약하며.

하나하나 사 모았다는 고급 그릇들

색색깔의 천으로 된 일본 나막신(게다)

예쁜 잡동사니들이 너무 좋아

시장 여행 꿀팁

도쿄의 플리마켓

일본에서는 벼룩시장flea market을 '후리마켓도프리마켓', '프리마' 등으로 부른다. 일본 벼룩시장이 가장 많이 열리는 곳은 물론 도쿄다. 플리마켓은 동시 다발적으로 열린다. 도쿄국제포럼, 신주쿠중앙공원, 오에도경마장, 요요기공원, 히카리가오카 등에서 열리는 플리마켓은 100개 이상의 판매대가 모일 정도로 그 규모가 크다.
플리마켓 일정표도 꼼꼼히 발표된다. 도쿄의 즐길 거리, 볼거리, 호텔, 음식 등을 소개하고 있는 사이트(http://www.winriver.net/)에서는 'Amusemunt' 카테고리에 플리마켓 일정표를 수록해 놓았다.
플리마켓만 전문적으로 소개하는 사이트(www.fmfm.co.jp)는 일자별 플리마켓 계획과 장소를 소개해 놓았다. 회원 가입을 해야 자세히 볼 수 있다. 그러나 굳이 회원 가입을 하지 않더라도 도쿄뿐 아니라 다른 지역의 플리마켓 일정을 대충은 살펴볼 수 있다. 여행 일정과 맞는 날짜에 플리마켓이 열리는지 여부를 확인하기에 편리하다. 주된 정보는 장소와 어느 지하철역 부근인지, 개장 시간과 폐장 시간, 판매부스 수, 판매자 수수료가 있는지 없는지 등이다.

플리마켓 일정이 워낙 빽빽해서 전국을 돌며 플리마켓만 참여해도 생계유지는 될 듯하다. 이것은 추측인데, 아르바이트로 생계를 유지하는 일본 젊은이들의 직업으로 '프리터'라는 것이 있으니 어쩌면 '플리마케터'라는 직업이 있을지도 모르겠다. 실제로 플리마켓에 가 보면 플리마켓 전문 상인들이 제법 있다. 그들 중에는 한국으로 건너가 플리마켓 판매자의 한 가방을 묶음으로 통째로 사는 수입상도 있다고 한다.
일본에서 가장 큰 규모의 플리마켓은 오오에도 골동품 시장おおえど大江戸骨董市이다. 통상 참여하는 판매자 수가 200팀에 육박하는 대규모 골동품 마켓이다. 요요기공원에서는 5년 정도 됐지만, 도쿄국제포럼에서 열리는 시장은 약

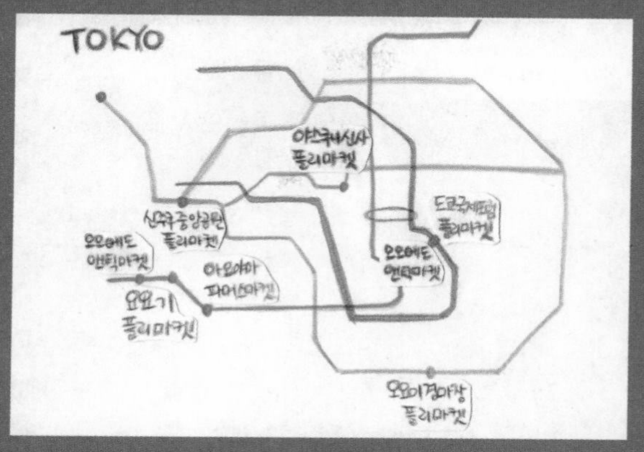

도쿄 플리마켓 지하철 노선도

15년이나 됐다고 한다. 오에도 경마장에서 주말에 열리는 시장도 규모가 크다. 무려 600점에 달한다고 한다. 분위기는 오오에도 골동품 시장이 더 좋을 듯한데, 만약 시간이 넉넉하다면 한 번쯤 구경 가 볼 만하다.

플리마켓 일정은 대부분 주말이 많지만, 평일에도 심심찮게 열린다. 금요일 저녁에 열리는 플리마켓은 꽤나 가 볼 만하다. 통상 오전 9시~10시에 시작해서 오후 3시~4시에 끝난다. 여름 마쯔리 기간에는 오후 3시부터 7시까지 늦게 열리는 플리마켓도 성행한다.
일본의 플리마켓은 지역별 플리마켓, 앤티크 마켓, 수공예전문 플리마켓, 파머스 마켓 등으로 다양화됐다. 시장에 나오는 물건들은 옷, 기모노, 액세서리, 인형, 피규어, 그릇 등으로 다채롭다. 일본 특유의 유가타나 기모노, 부채, 도자기 등이 나오는 플리마켓은 특색도 있고 구경하기에도 좋다.

1. 요요기플리마켓

지하철역 메이지진구마에(明治神宮前) 역, 하라주쿠(原宿) 역

오픈시간 매주 일요일 오전 8시~오후 4시

특징 일본 플리마켓 중 가장 유명한 시장. 예쁜 중고 그릇과 티스푼, 수공예품은 물론 10~20대의 젊은 이들이 개성 있고 트렌디한 소장품을 팔아 인기가 많다. 매월 첫째 일요일은 오오에도 앤티크 마켓이 열린다. 시장 구경 후 힘이 남아 있다면 하라주쿠 일대나 한 정거장 이동 후 고즈넉하면서도 분위기 좋은 카페가 많은 다이칸야마도 볼 수 있다.

2. 오오에도 앤티크 마켓(大江戸骨董市, Oedo Antique Market)

지하철역 메이지진구마에 역 or 유락쵸 역

오픈시간 매월 첫째 일요일은 요요기공원, 셋째 일요일은 도쿄국제포럼 앞 오전 9시부터 오후 4시. 일정은 조금씩 달라지므로 홈페이지(https://www.antique-market.jp) 참고할 것.

특징 일본 특유의 골동품들이 많이 나와서 구경하는 재미가 알차다. 낡은 기모노, 전통인형, 오래된 그릇, 악기 등 다양한 품목이 나온다. 희귀한 골동품을 만날 기회다. 여행 중 일정이 맞는다면 꼭 한번 구경해 볼 만하다.

3. 신주쿠중앙공원 플리마켓

지하철역 오오에도선(大江戸線) 도쵸마에(都庁前) 역 A5 출구
오픈시간 토요일 오전 10시~오후 3시
특징 빈티지 옷이나 구제 명품백, 중고 기모노, 그릇 등 멋진 제품들이 많다. 수집용 피규어 인형 등도 제법 눈에 띈다. 중고 아기 옷이나 신발 등을 파는 판매자도 많다. 바로 옆에 공원이 붙어 있어 산책하기에도 좋다. 전일본 리사이클협회 등 중고 물품을 주로 다루는 단체들이 플리마켓에 출점하기도 한다. 규모는 약 200점 정도. 일정은 미리 체크하고 가는 편이 좋다.

4. 아오야마 앤티크 플리마켓(weekly Antique market)

지하철역 JR 시부야(渋谷) 역에서 아오야마토오리로 도보 약 10분
오픈시간 매주 토요일 오전 10시부터 오후 4시
특징 소규모의 앤티크 마켓이지만 물건이 고급스럽고 예쁘다. 우아한 디자인의 그릇과 베이커리용품, 은식기 등 디너테이블을 꾸밀 수 있을 만한 장식품이 많다. 일본의 전통 찻잔과 구두를 만드는 틀, 빈티지 주전자 등 다양한 앤티크 품목을 구경할 수 있다. 가격은 그리 저렴하지는 않지만, 그만큼 품질은 좋아 보이는 플리마켓이다.

5. 아오야마 파머스 마켓

지하철역 오모테산도(表参道) 역에서 아오야마도오리로 도보 10여 분. 유엔대학교 앞

오픈시간 매주 토~일 오전 10시부터 오후 4시

특징 앤티크마켓과 바로 인접해 있으며, 입구부터 총천연색의 외국 과일과 채소들이 시선을 사로잡는다. 신선한 농산물, 제철 과일, 지역 특산품, 로컬 와인, 빵과 쿠키 등 먹어 볼 만한 품목이 많다. 유럽 한복판의 유기농 마켓처럼 너무 예뻐서 보는 순간 구경하고 싶어진다. 일본 농촌과 도시의 결합을 위해 아오야마 유엔대학에서 2009년부터 운영하는 장터다. 통상 100~200개의 부스가 열린다는데 품질 좋은 농산물을 소개하고, 농부들의 수익을 높이는 차원에서 상당한 효과를 보고 있다.

6. 오오이경마장 플리마켓(Tokyo city flea market)

지하철역 케이큐(京急)선 오오이경마장앞 역(大井競馬場前駅) 오오이경마장 주차장

오픈시간 매주 토~일 오전 9시부터 오후 3시

특징 가는 건 조금 불편하지만 가격이 저렴하고, 규모가 600점 정도로 매우 큰 플리마켓이다. 그만큼 품목도 다양해서 득템할 확률이 높아진다. 빈티지 가구, 빈티지 소품, 간판, 옛날 LP판 등 온갖 물건들을 구경할 수 있다. 주차장에서 열리기 때문에 우천 시에도 취소될 확률이 적다.

FIELDOOR
Powered by ottostyle.jp
2,000mm
UV

“정말 이국적이야”

PLACE 3.

TAIPEI

#1

스스난춘(西西南村) 창의마켓

가방, 그림, 악기 등이 두루 펼쳐진 플리마켓

타박타박,
스스난춘 창의마켓 순례길

서쪽에 있는 남촌이라는 뜻일까. 스스난춘西西南村이라는 이상한 이름이 붙은 플리마켓이라 제일 처음 눈길이 갔다. 때로는 이름이 사람을 움직이기도 한다.

스스난춘은 1948년에 생겨난 대만타이완 최초의 군인촌의 이름이다. 타이완 계간지 등에 따르면 2차 세계대전 이후 국공내전으로 인해 타이완으로 이주해 온 중국 군인과 이민자들 44명이 모여 살았던 마을이라고 한다. 국민당 정부가 1999년 이곳을 철거하기로 결정하자, 지역 주민들은 문화보존운동에 나섰다. 허름하고 낡은 건물은 그렇게 사람들의 발길에 되살아났다. 지금은 '신이 공민회관信義公民會館'이라는 이름으로 불리고 있다.

오래전부터 이곳에 있었던 작은 주거지. 시장이 생기지 않았다면 발길이 닿지 않았을지도 모를, 어쩌면 가난했을 동네로 타박타박 걸어 들어간다. 플리마켓은 유명세와 달리 소박했다. 입구에서 웬 초로의 노인이 피리를 분다. 피리 소리를 들으며 이끌리듯 걸어 들어가니, 건물 네 채로 둘러싼 조그만 마당에서 시장이 열리고 있었다.

플리마켓 규모는 그리 크지 않다. 30여 개 남짓의 판매대가 모여 있다. 토요일엔 중고 벼룩시장인 'Second Love'가 열리고, 일요일엔 수공예품 중심의 시장이 열린다고 한다. 가게를 펼쳐

▲ 수수한 외관의 신이공민회관
▼ 귀여운 소품들을 파는 판매대

놓은 판매자들은 젊고, 유쾌하다. 화려한 문신을 덮은 청년도 있고, 수수한 차림의 학생들도 있다. 가격은 50~100대만달러 1,500~3,000원 정도로 저렴하다.

대만달러로 거스름돈 받기

대만 여행은 처음이어서 대만달러타이완달러를 쓰는 일이 어색했다. 가격을 물어보고도 한참 생각한다. 싼 건지 비싼 건지도 모르겠다. 대만달러 환율은 1달러당 37원대다. 그럼 100달러는 약 3,700원 정도 하는 셈이다.

귀여운 컵받침이 보여 얼마냐고 물으니 50타이완달러라고 했다가 갑자기 2개에 50타이완달러란다. 망설이는 모습에 값이 비싸서 그런 줄 알았나 보다. 머릿속으로 열심히 환율 계산 중이었는데, 졸지에 흥정이 됐다.

예쁜 컵받침 두 개를 50타이완달러에 샀다. 우리 돈으로 약 1,800원. 이렇게 쌀 수가. 게다가 예쁘게 포장도 해 준다. 500타이완달러를 주니 잔돈 모으기에 한창인 학생들. 한국이든 대만이든 플리마켓에서 잔돈은 소중하다. 둘이 머리를 맞대고 동전을 열심히 모아서 거슬러 주는 모습이 귀엽다.

우린 한국어를 사랑해

은색 구두 바닥에 '한국어글꼴'이라고 쓰여 있다. 한국 사람들도 잘 쓰지 않는 단어라 웃음이 나온다. 언젠가 외국인이 입은 티셔츠에 '호남 향후회'라고 적혀 있던 사진이 생각났다.

판매자들도 유쾌하다. 옷가게를 지나는데 남녀 판매자들이 어디서 왔냐고 인사를 건넨다. 한국에서 왔다니까 "잠깐! 나 한국 옷 있어!" 하더니 뒤로 돌아서 짐을 뒤적거린다. 그러고는 검정색 티셔츠를 꺼내서 보여 준다. '숨의 숙녀'라는 브랜드다. 처음 보는 상표다. 대체 숨의 숙녀란 어떤 숙녀인가.

"이 티셔츠 어디서 샀어?"

"잊어버렸어."

판매자도, 손님도 깔깔 웃는다. 사진 찍어도 되냐고 물으니,

"물론이지. 100달러야."

하고는 또 웃는다. 유쾌한 커플이다.

도장 찍는 여행

스스난춘 플리마켓 마당을 둘러싸고 있는 건물을 구경하는 것도 좋다. 예쁜 아이스크림 가게를 지나며 침을 꼴깍 삼킨다.

▲ '한국어 글꼴' 구두
▼ 반가운 그 이름, 'SALE'

꾸민 듯, 안 꾸민 듯한데 보기에 좋다.

각종 그림엽서와 소스, 그릇 등을 파는 “Good Cho's[好，丘]”에 들어갔다. 타이베이에서 꽤 유명한 가게다. 식료품도 팔고, 주방용품도 파는 세련된 슈퍼마켓 같다. 일본의 무인양품[MUJI]과도 조금 비슷하다.

구석에 있는 책상에 옹기종기 소녀들이 모여 있다. 슬쩍 보니 도장을 찍고 있다. 도장이 놓인 테이블도 예쁘게 정리돼 있다. 어디선가 본 듯하다. 타이베이 곳곳에 이런 스탬프를 찍는 곳이 많아서 도장을 모으는 재미가 있다고 한다. 물론 타이베이에서 찍은 유일한 도장이었지만, 꿈 많고 웃음 넘치던 중학생 시절로 돌아간 기분이었다.

플리마켓을 보고 나오는데 멋진 고무나무가 아름드리 서 있다. 야트막한 초록빛 언덕이 있는데, 원래는 방공호였다고 한다. 그곳은 이제 젊은 연인들이 나란히 앉아 이야기를 나누는 곳이 됐다. 언덕에 앉아 시간을 보내는 사람들의 모습이 다정하다. 어쩌면 스스난춘의 플리마켓은 지나간 시간을 보관하는 가장 좋은 방식인지도 모르겠다. 오래된 건물은 젊은이들의 장난스럽고 아기자기한 손길을 받으며 곳곳에 예쁜 장식을 하고 있다. 손주들의 장난에 귀여운 머리핀을 이리저리 꽂은 할머니 같다.

이곳은 전쟁의 기억이 남긴 흔적임에도 폐허로 남지 않았다. 오히려 플리마켓이 생기면서 도란도란 이야기 소리가 퍼지는 조그맣고 귀여운 공간으로 재탄생했다. 지극히 현명한 공간 활용이 아닐 수 없다.

#3

웬산 농부마켓 & 창의벼룩시장

외국 과일과 채소의 매력

농부마켓에서 열대과일 구입하기

파머스 마켓농부시장은 플리마켓 구경에서 절대 빼놓을 수 없는 곳이다. 해외의 농부마켓에서는 평소 먹어 보기 어려운 독특한 과일이나 채소를 맛볼 수 있다. 대만의 농부마켓이 궁금하던 차에 웬산 역 부근에서 열리는 농부마켓이 있어 찾아가 봤다. 이곳은 창의벼룩시장과도 연결돼 있어 한꺼번에 두 곳을 모두 구경할 수 있다.

아침부터 서두를 필요는 없었다. 농부마켓은 아침 10시부터지만 창의마켓은 낮 12시부터다. 두 곳을 같이 보려면 점심때쯤 가는 편이 낫다. 웬산 역 화박공원. 엑스포 공원이라고 큰 공원의 입구에서 열렸다. 지하철 입구를 나오자마자 멀리 시장이 보인다. 무더운 날씨에 양산을 펴들었다가 금방 접었다. 플리마켓은 그늘이 충분했다.

한국에서는 흔히 만나기 어려운 달콤하고, 향기로운 열대과일을 살 계획이다. 호텔로 가져가 냉장고에 시원하게 뒀다 먹으면 여행의 즐거움이 배가된다.

수어과?
보어과?

처음에는 구아바, 싱싱한 바나나 같은 것들을 구경하고 있었다. 그러다 수박도, 호박도 아닌 특이한 과일이 있어 궁금증이 일었다. 가게 앞을 알짱거리고 있자, 농부 할아버지가 함박웃음을 지으면서 나왔다. 할아버지는 꽤 능숙하게 일본어와 영어를 섞어 가며 설명을 해 줬다. 요지는 이랬다.

"내가 일본산 배를 가져와서 대만에서 키워서 이렇게 달콤한 배를 만들었어. 이 주스로 말할 것 같으면, 그 달콤한 배를 세 개나 갈아 넣어서 만든 주스야. 한마디로 오리지널 생과일주스지."

농부 할아버지 표정에 자부심이 넘쳐난다. 배 주스가 딱히 구미에 당기지 않아 옅은 미소만 지었다.

"이 옆의 과일은 뭔가요."

수어과, 수과, 소어가? 계속 비슷한 발음이 오고갔다. 결국 할아버지가 포기했다. 찾아보니 수세미과의 어떤 열매인 듯하다. 보다 못한 다른 할아버지가 "for your skin, good!"이라고 말하며 얼굴을 가리킨다. 정말이지 귀에 쏙쏙 들어온다. 하지만 먹는 게 아니어서 패스. 농부 할아버지가 갑자기 손녀딸로 추정되는 소녀의 등을 떠밀며 같이 사진을 찍으란다. 그러고는 노트에 손녀의 이메일 주소까지 친절히 적어 준다. 좋은 친구라고 한다. (그러고 보니 아직 사진을 못 보내 줬다.)

▲ 농부마켓의 풍경
▼ 커다란 파파야의 자태

꽃을 볶아 먹는다고?

농부마켓에는 여러 가지 울퉁불퉁한 과일이 많은데, 그 가운데 대표적인 것은 여주의 한 종류라는 '쿠과'다. 주스로 만들어 먹는다는데 씁쓸한 맛이 난다고 한다. 수세미 같이 생겨서는 몸에 좋다고 한다.

눈길을 확 잡아끈 과일은 마치 꽃처럼 생긴 것이었다. 마냥 들여다보며 신기해하자, 어머니와 여행 중인 다른 관광객이 이야기를 해 준다.

"이거 볶아 먹으면 돼. 원래 일본에 많은 건데 대만에 가져와서 키운 거야. 해산물이랑 볶으면 맛있어. 마트에 가도 있는데 그건 아주 작아. 그건 중국산이야."

그러면서 덧붙이기를, 이름은 '릴리'라고 부른단다.

"백합? 릴리?"

웃으며 고개를 끄덕인다. 껍질을 까면 조그만 속이 나온다며 가르쳐준다. 정말 신기한 모양이라 한참을 구경했다.

이와 비슷한 모양을 가진 초록색 과일도 있다. 이름은 '석가釋迦'다. 과육이 희고, 커다란 초록색 리츠처럼 생겼다. 단맛이 난다고 한다. 원래는 '판리츠'라는 이름이 있다는데, 석가모니의 머리처럼 생겨서 '석가'라고 부른다고 한다.

울퉁불퉁한 용과도 만났다. '드래곤 후르츠'라고 부르는 이 선명한 자주색 과일은 요즘은 제주에서도 재배되는 바람에 마트에서도 자주 판다. 궁금하여 맛을 보니, 내 입맛에는 영 별로다. 용과보다 눈길을 끈 것은 바로 옆의 소쿠리에 담긴 것들이었다.

아까 그 관광객이 옆을 지나다 용과의 꽃이라고 설명해 준다. 이름은 '라오란'이라고 한다. 모양만 봐서는 용과가 생겨나기 전의 순 같기도 하다. 이것도 끓여서 먹는다고 한다. 울퉁불퉁한 과일들이 순서대로 등장하며 눈길을 사로잡는다. 주인아주머니가 또 친절하게 시식을 권한다. 그리 익숙한 맛이 아니지만 재미있다.

내게는 사실 열대과일에 대한 동경 같은 게 있다. 그래서일까. 이국적인 과일이 가득한 수레를 보면 너무 예뻐서 카메라를 놓지 못하겠다. 그 알록달록한 색의 열매가 직접 나무에 열려 있는 모습은 또 얼마나 탐스러울까. 이런 취향이라면 농부마켓 구경은 분명 즐거울 것이다. 한 바퀴 돌았을 뿐인데 시간 가는 줄을 몰랐다. 어느새 한 시간이 훌쩍 지났다. 무과, 수과, 박과…. 각종 한자어로 짐작할 뿐인 과일들이 줄줄이 등장하면서 계속 인터넷으로 검색을 했다.

누구나 친절하게 먹어 보라고 하고, 과일을 만져 보라고 한다. 더운 날씨에 오랫동안 야외에서 과일과 야채를 팔다 보면 짜증이 날 법도 한데, 참 순박한 사람들이다. 자신이 가꾼 것에 대한 애정을 한껏 드러내며 자식 자랑하듯 소중하게 과일을 내민다. 행복한 표정의 농부들의 모습이 보기 좋아 자꾸 돌아보게 되는 시장이다.

▲ 연잎밥 같이 생긴 저것은 뭘까?(
■ 호박이겠지?
▼ 용과를 파는 아주머니

1001000072
1001000072
1001000072
1001000072
1001000072
1001000072
1001000072

용과와 용과의 어린 꽃

아이스크림에 대한 까탈

덥다. 땀이 난다 싶더니 저쪽에 'ICE'라는 글자가 멀리서 두 눈에 딱 꽂힌다. 뒤이어 'CREAM'이라는 단어가 찡하게 와 닿는다. 가격도 30대만달러. 우리 돈으로 약 1,000원 남짓이다.

더위를 식히기 위해 아이스크림 줄을 섰다. 앞선 어린아이들이 아이스크림을 맛있게 먹고 있다. 얼마나 시원할까. 기계에 문제가 있는지 한 번 뽑을 때마다 한참을 기다렸다. 드디어 내 차례. 예쁘게 담긴 아이스크림에 기분이 덩달아 좋아졌다.

한입 크게 먹었다. 그런데 솔직히 충격이었다. 처음 느껴 보는 아이스크림 맛…. 달콤하게 더위를 녹여 줄 줄 알았던 아이스크림이 시금털털하다. 매실梅子아이스크림이라고 쓰여 있다. 정말 시금털털한 맛은 이런 것이구나 싶다. 아이처럼 까탈을 부려 본다. 쓰레기통을 찾아서 몰래 버리고 말았다. 미안합니다.

줄 서 있는 사람들을 보면서 말해 줄 수도 없고. 그렇지만 만약 아기와 함께 갔다면 매실 아이스크림 사 주고 싶을 것 같다. 엄마 마음은 그런 것이다.

회전목마가 돌아가는 플리마켓

플리마켓은 골목 안쪽에 위치해 있었다. 식당가인 골목은 취두부 냄새가 드리워져 있다. 차마 익숙해지기 어렵다. 마침 예쁜 가게가 있어 들어갔다. 스스난춘에도 있던 MAJI MARKET이다. 예쁘게 포장된 과자와 각종 스파게티 소스, 우롱차, 음료 등이 가지런하게 진열돼 있다. 마치 날 좀 데려가라고 손짓하는 듯하다.

MAJI 카페에는 한자가 가득 적혀 있는 칠판이 있었다. 아, 막막하다. 그래서 그냥 '아이스라테'라고 말해 봤다. 주인이 고개를 끄덕인다. 다행이다. 통했다. 창가에 붙은 자리에 앉아 잠시 숨을 돌린다. 카페 안과 밖은 너무나 다른 풍경이다. 창밖 식당가에는 크고 작은 식당들이 줄을 맞춰 서 있다. 그중에는 '떡볶이'라고 쓰인 가게도 있다. 갑자기 떡볶이가 먹고 싶지만, 취두부 냄새를 뚫고 먹을 자신이 없다.

창의마켓 입구에는 회전목마가 돌아간다. 아이들의 웃음소리가 간간이 들려온다. 밤에 보면 얼마나 예쁠지 상상해 본다. 대만 아이들도 서울의 아이들처럼 미니 자동차나 유모차를 타고 외출을 한다. 아빠 품에 안긴 아이들의 표정이 무척이나 밝다. 한국과 마찬가지로 그 옆에 걸어가는 엄마는 피곤이 살짝 엿보이는 얼굴이다. 웬산 창의마켓은 깔끔하게 정비돼 있다. 가게들은 하나같이 개성 있고 귀엽다.

잠시 커피를 마시며 쾌적한 공간에 있을 뿐인데, 그것만으로도 기분이 너무 좋아진다. 회전목마를 한참이나 구경했다. 빙글빙글. 잘도 돌아간다. 아이들 소리는 언제 들어도 좋다. 시장 한편에서 눈 못 뜬 새끼 고양이들을 팔고 있었다. 배고플 텐데…. 마음 같아서는 한 마리 사고 싶었다.

▲ 분위기를 돋우는 회전목마
▼ 모자가 걸려있는 소품가게

빨간색이 잘 어울리는 가게

#3

톈무마켓(天母市集)

트렁크를 든 플리마켓 판매자들이 하나둘 모여든다.

개장준비는 느긋하게

지하철 스파이 역에서 톈무광장까지 택시를 타고 가기로 했다. 버스로도 갈 수 있다지만, 오늘은 왠지 그냥 바로 가고 싶었다. 언제부터였는지 여행지에서 고생하는 일을 피하게 된다. 시원한 택시 안의 에어컨 바람을 쐬며 구경을 했다. 톈무광장은 광장이라고 하기엔 작은 공간이었다.

오후 4시부터 시작한대서 시간을 맞춰 왔는데, 아직 문을 열지 않았다. 그제야 하나둘 판매자들이 여행가방을 끌고 모여든다. 그리고 현금을 들고 줄을 서서 운영진으로 보이는 사람들에게 뭔가를 받는다. 아마 판매자로 등록하는 비용이 있는 모양이다. 옆에서 정리중인 사람에게 입장료가 얼마인지 물어보니, 우리 돈으로 약 2만 원가량의 비용이라며 안내해 준다.

사람들이 저마다 자리를 잡고 주섬주섬 판을 펼친다. 이럴 때 보면 외국 사람들이든, 우리나라 사람들이든 참 많은 잡동사니를 소유하고 있다. 판매자는 한 평 남짓의 공간을 나눠서 조그만 것과 큰 것들을 이리저리 배치한다. 금세 돗자리가 가득 찬다.

사람 사는 곳은 다 비슷하다

여행지에서 플리마켓을 구경하는 재미는 이렇다. 현지의 생활이 물씬 느껴지는 물건들을 보면서 이곳 사람들은 이렇게 사는구나 하는 맛이다. 생활용품들이 우리나라와 완전히 다른 것들이라면 그 재미는 한층 좋아진다. 독특한 아이디어 상품이나 수공예품은 더할 나위 없다.

하지만 때때로 그 재미는 또 다른 면을 보인다. 사람 사는 곳이 다 그렇구나 싶어서 흥미로워진다. 사는 게 비슷하다. 누구나 옷걸이를 쓰고, 누구나 오래된 그릇을 쓴다. 조그만 주전자도, 꽃병도 다 그렇고 그럴 때도 있다. 도시락을 싸고, 세탁소 옷걸이를 쓰기도 한다.

한눈에 봐도 비싸지 않은, 낡은 접시들을 보며 새댁 시절을 보냈을 그녀를 상상해 본다. 이 아주머니는 이 그릇에 저녁을 차렸겠구나. 타이베이식으로 볶은 야채나 고기가 올라갔으리라.

그래서 그런대로 보는 재미가 있다. 외국에서 이미 여행자의 마음가짐을 단단히 갖고 있는 상태여서일까. 어느덧 나의 눈은 모든 것을 처음 보는 어린아이인 척하고 있다. 그래, 그랬지. 지긋지긋한 것 같아도 별것 없어야 평화로운 게 일상이다.

타이베이 세간 살림은 이렇다.

소박하고 독특한 살림살이들

타이베이 살림살이의 민낯을 보는 재미는 쏠쏠했다. 처음에는 자질구레하더니 점점 이뻐진다. 조그만 찻잔들과 귀여운 가방들이 보인다. 엄마를 따라 나온 아이들도 보인다. 집을 장식하는 것을 좋아하는 걸까. 집 한편에 놓아뒀을 법한 중국풍 도자기와 인형도 많다.

혼자 오만가지를 상상하다 갑자기 무서워졌다. 낡은 호리병이나 문갑 따위를 사서 집에 가져가면 이상한 일이 생긴다는 식의 옛날이야기가 생각났다. 아휴. 어쩌자고 그런 걸 떠올려 버린 건지. 쓸데없는 상상력 때문에 귀신 붙을까 봐 결국 쇼핑을 하지 못했다. (중국풍의 불상이나 도자기, 그런 것들에 대한 취향의 문제이니 이 말을 듣고 플리마켓에서 물건을 못 사는 사람이 없기를….)

그들의 여행을 엿보다

보통 플리마켓에서 명품족 언니들은 중고 명품 가방을 가지고 나오고, 아기 엄마들은 너무나 귀여운 아기용품을 들고 나온다. 그리고 이곳에서 누군가의 여행의 흔적들을 발견한다.

▲ 물건만 보면 마치 황학동 시장 같지만, 이곳은 타이베이 텐무마켓
▼ 아프리카 악기들을 파는 타이베이 플리마켓

여행 기념품이 많아 보이는 판매자의 돗자리

이 나라의 물건이 아닌 기념품들이 제법 눈에 띈다. 그런 물건들은 이상하게도 사고 싶다. 가 보지 못한 나라의 기념품을 찾아냈을 때의 묘한 희열을 여기서도 느낄 수 있었다. 외국에서 또 다른 외국의 물건에 기분 좋아하는 건 대체 무슨 마음인지 모르겠다.

이탈리아 피렌체의 가면무도회 사진에 등장하던 가면은 아름다워서 계속 살펴봤다. 아무래도 타이베이에서 이탈리아 가면은 좀 뜬금없다는 생각에 내려놓았다. 아프리카 전통 악기도 마찬가지다. 한국의 독특한 가게에서 만났던 아프리카 악기를 톈무마켓에서도 봤다. 타이베이에서 아프리카 악기는 이탈리아 가면만큼이나 터무니없는 조합이다. 하지만 누군가의 추억이 담긴 물건에 유난히도 마음이 끌리는 곳이 플리마켓이다.

시먼홍러우 건물과 어우러진 플리마켓

소박하고 독특한 조명

시장 여행 꿀팁

타이페이의 플리마켓

타이베이의 플리마켓은 대만 여행의 숨겨진 매력 포인트다. 서울의 한적한 동네를 간 것처럼 묘한 익숙함이 드는 타이베이 시내에서 만나는 플리마켓. 아기자기할 뿐만 아니라 현지 느낌이 물씬 풍기는 오만 가지 농작물까지 덤으로 구경할 수 있다.
대만의 벼룩시장 이름은 재미있다. 한국이나 일본이라면 충분히 영어로 쓰였을 명칭이 한자로 쓰여 있다. 아트 마켓은 '창의벼룩시장'으로, 파머스 마켓은 농부시장農夫市集이라는 이름으로 불리었다. 프랑스를 불란서로, 영국은행을 영란은행으로 부르는 식의 한자를 음역하는 것과는 다르다. 타이베이에서 '청소년센터' 간판을 보면 센터는 중심中心으로, 쓰레기통에서 재활용을 표시한 리사이클링은 '자원회수資源回收'로 표기돼 있다. 영어를 한자로 어찌나 명확하게 표현하는지, 은근히 보면서 알아맞히는 재미가 있다.
타이베이의 플리마켓은 150달러짜리 지하철패스 1일권이면 충분히 둘러볼 수 있다. 도시가 그리 넓지 않은 건지, 지하철로 이동하는 시간이 그리 오래 걸리지 않는다.

핫한 플리마켓이 많은 노선은 빨간색 2호선인 탄스이신이淡水信義 라인이다. 탄스이淡水 역에서 단쉐이 총젠제淡水重建街 창의마켓에, 스파이역石牌에서 텐무天母 플리마켓에 갈 수 있다. 웬산圓山 역에 인접한 원산화박공원圓山花博廣場에서는 농부마켓과 창의마켓을 동시에 볼 수 있다. 타이베이101역에서는 스스난춘 플리마켓이 열린다.

초록색 3호선인 송산신점松山新店 라인에도 플리마켓이 포진해 있다. 시먼西門 역에서는 창의 플리마켓이 열리며, 공관公館 역에는 이심전심 마켓公館心電心市集이라는 플리마켓이 열린다.

5호선인 파란색 반난板南 라인에도 눈길을 끄는 시장이 있다. 국부기념관 역에서 내리면 볼 수 있는 '화산1914 문화창의 단지' 앞의 창의벼룩시장이 바로 그것이다.

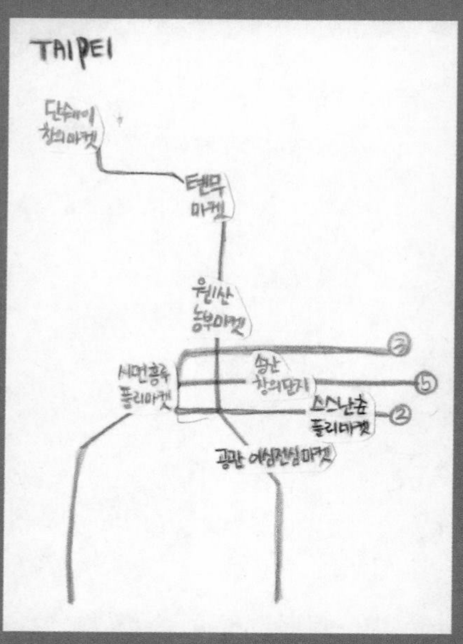

타이페이 플리마켓 지상-지하철 노선도

타이베이의 플리마켓은 트랜디한 아트숍이나 카페 부근에서 열리는 경우가 많다. 스스난춘 마켓과 시먼홍러우 창의마켓만 하더라도 관광코스에 인접해 있다. 스스난춘은 오래된 군인촌 건물인 스스난춘에 있는데, 인근에 타이베이101 전망대도 있어 어차피 관광 코스로 들르는 곳이다. 시먼홍러우 창의마켓도 마찬가지다. 옛날에 영화관으로 쓰였다던 붉은 벽돌건물인 시먼홍러우에 붙어 있다. 스스난춘과 시먼홍러우 둘 다 오래된 건물을 아트숍이나 카페로 단장해 놓았다. 웬산 창의마켓도 마지마켓MAJI MARKET, 카페, 문구점 등을 끼고 있다. 이처럼 기존의 상점과 플리마켓이 붙어 있기 때문에 일석이조의 재미를 누릴 수 있다. 플리마켓의 정리 안 된 물건들을 보다가 정신이 없어질 때쯤이면 세련된 인테리어로 된 숍에 들어가 더위를 식히며 공산품을 쇼핑할 수 있다.

타이베이 플리마켓의 장점은 운영 시간이 길다는 점이다. 아침 9시부터 저녁 8시. 이런 식이다. 조금 여유 있게 움직여도 구경할 수 있다. 하지만 운영 시간이 길어서 중간에 쉬는 시간이 있는 경우가 많다. 따라서 미리 쉬는 시간을 챙겨 볼 필요가 있다.

물론 플리마켓이라는 정형화되지 않은 시장의 특성상 꼭 제시간에 칼같이 열리지는 않는다. 오픈 시간에 딱 맞춰서 가면 판매자들이 저마다 여행가방을 끌고 모여들어 등록하고, 좌판을 까는 풍경을 엿볼 수 있다. 여행자답게 조금 느린 템포로 움직이는 편이 낫다.

1. 스스난춘(西西南村) 심플마켓

지하철역 타이베이101역

운영시간 매주 토요일은 격주, 일요일은 오후 1시부터 오후 7시까지

특징 '신의공민회관'이라는 오래된 건물 한가운데 있는 빈터에서 매주 주말에 플리마켓이 열리는데, 주로 젊은 판매자가 많다. 소품류와 인형, 장식품, 옷 등이 다양하게 팔린다. 홈페이지(http://tw.streetvoice.com/SimpleMarket 또는 http://simplelife.streetvoice.com)에서 정보를 얻을 수 있다.

2. 공관 이심전심마켓(公館二心電心市集)

지하철역 공관역 4번출구 스웬제(思源街)를 따라 10~15분 공관리버사이드 광장

운영시간 토요일 오후 1시부터 8시

특징 타이베이 대학가여서 젊은 문화가 깃들어 있는 플리마켓을 볼 수 있다. 중고 서적과 각종 액세서리 등도 인기 품목이다.

3. 톈무마켓(天母市集)

지하철역 스파이(石牌) 역에서 택시로 약 5분 톈무광장
운영시간 토요일 오전 9시부터 오후 3시(중간 휴식) 오후 4시부터 밤 10시
일요일 오후 3시~밤 9시
금요일 오후 4시~밤 10시
특징 오후 3시~4시부터 시작하더라도 본격 개장까지는 한 시간 정도 걸린다. 출점 비용이 있다. 주로 핸드메이드 인형과 옷, 머리핀 등도 있고, 중고 살림살이와 오래된 장식용 도자기 등도 판매된다.

4. 농부시장(農夫市集)

지하철역 웬산(圓山) 역 1번 출구
운영시간 토~일 오전 10시부터 오후 6시
특징 대만의 과일, 농산물을 두루 구경할 수 있고, 이 농산물로 만든 다양한 두부, 주스, 과자, 아이스크림 등을 맛볼 수 있다. 규모가 크지는 않지만 낯선 음식을 맛보는 것을 두려워하지 않는다면 도전해 볼 만하다. 이밖에도 248농학시장, water garden 농부시장, Bow to land 농부시장 등 다양한 농부시장이 있다.

5. 시먼홍러우 창의마켓

지하철역 서문(西門) 역

운영시간 오전 11시부터 오후 9시

특징 수공예품 중심의 아트마켓 성격이 짙은 곳이다. 직접 그린 스티커나 손뜨개 인형과 가방, 지갑, 수공예 시계 등 독특한 제품이 많다. 수공예품이라 사진 찍어도 되냐고 물어보면 거절하는 경우도 있다. 과거 경극 공연 등으로 인기 있던 타이베이 최초의 극장 '시먼홍러우' 건물 옆에 바로 붙어 있어 플리마켓과 유명 관광지를 동시에 구경할 수 있다. 건물 안의 편집숍도 볼거리가 많다.

"친절하고 다정해"

PLACE 4.
KOREA

#1

세상에서 가장 로맨틱한 시간, 제주 벨롱장

눈을 뜨니 창문에 제주 바다가 가득하다.

파도가
반짝거립니다

한 주간 일이 너무 많았다. 이대로 가만히 있다가는 정수리에서 연기가 모락모락 날 것 같아서 안 되겠다 싶어 낮에 제주행 비행기 티켓을 샀다. 그리고 퇴근하자마자 공항버스에 올랐다. 생각이 많아져 비행기에 몸을 싣고도 울적함이 가시질 않았다.

눈을 감고 잠시 졸았을까. 제주공항에 착륙한다는 방송에 눈을 떴다. 세상에…! 마치 꿈처럼 이렇게 푸른빛의 반짝이는 음료가 둥근 잔에 담겨 있었다. 저녁을 맞은 제주항에 반짝반짝 불빛이 들어온다. 초록 언덕에 옹기종기 모여 있는 마을에도 별빛이 내려앉는다.

차를 타고 숙소를 가는 동안 사방에서 풀벌레 소리가 찌르르 찌르르 따라온다. 제주의 여름 냄새는 이렇구나. 향긋한 듯 청량한 바다 내음이 코끝에 스민다. 볼을 스치고 머리카락을 어루만지는 파르스름한 저녁 바람. 이곳에 오길 참 잘했다. 내일 아침 벨롱장은 얼마나 반짝이려나.

바닷가 따라 시장에 가다

아침부터 종알종알 새소리가 들린다. 제주 세화리. 마을은 아직 잠에서 깨지 않은 듯 조용하다. 오래된 팽나무 세 그루가 마을 한가운데 서 있다. 이 자리에서 얼마나 오랜 시간 마을을 지켜봐 왔을까. 나무는 방문객에게 너그러이 그늘을 내어준다. 나무그늘에 그네가 걸려 있어서 살짝 앉아 그네를 탄다. 이렇게 느긋하고 편할 수가 없다. 시원한 바람에 나뭇잎들이 팔랑팔랑. 하늘과 나뭇잎이 왔다 갔다 왔다 갔다. 이따금씩 부는 바람에 바다 냄새가 섞인 듯해서 바다가 지척에 있구나 싶다.

시장이 열린다는 세화 항구까지 살살 걸어간다. 걸은 지 5분도 채 안 돼 한없이 투명하고 맑은 바다가 펼쳐진다. 검은 현무암 바위로 된 해변이 붙은 바닷가 길을 느릿느릿 걸어간다. 멀리 등대가 걸린 부두를 따라 파라솔들이 줄지어 있다. 벨롱장이다.

반짝거리는 푸른 바다를 배경으로 펼쳐지는 플리마켓. 그래서일까. 색색의 파라솔이 유난히 잘 어울리는 귀여운 시장이다. 이곳의 아이템은 대부분 제주와 관련된 수공예 작품이나 음식 등이다.

넝쿨이 뻗은 모래밭이 예뻐서 발자국을 꾹 찍어 본다.

시장으로 들어서자마자 깃털로 장식된 드림캐처 가게가 눈길을 사로잡는다. 악몽을 물리치고 좋은 꿈만 꾸게 해 준다는 이 이국적인 장식물이 바다에서는 이렇게나 예쁘다. 마치 푸른 꿈 속에 있는 것처럼 아른거린다.

작은 유리병 속에 햇빛을 모아주는 선캐처라는 장식물도 빛을 발한다. 창가에 걸어 두면 햇빛을 반사시켜 주변에 예쁜 빛이 흩뿌려진다고 한다. 바다와 햇빛이 가득 담긴 유리병은 반짝반짝 눈부시다. 젊은 아가씨들이 탄성을 지르며 들었다 놨다 한다.

댕그랑. 댕그랑. 바람이 불때마다 풍경 소리가 청명하게 울린다. 사람들의 시선이 한곳으로 모인다. 고래 인형, 크리스털, 레트로한 맥주병, 풍경의 재료도 가지가지다. 바람이 불 때마다 바다에서 울리는 풍경 소리는 너무 고와서 귓불이 간지럽다.

조개껍질
하나하나를 줍다

"구경하세요. 제주 해변에서 붉은 조개들만 모아서 만든 그림이에요."

또 다시 발길이 멈춘다. 액자에 손톱만 한 예쁜 조개들로 만든 꽃과 나비, 나무가 들어 있다. 그녀는 제주 해변에서 색깔별로 조개를 줍는단다. 해변의 조개를 한 소쿠리 떠서 일일이

▲ 햇살 부서지는 바다가 배경인 벨롱장
■ 어르신들의 요리도 맛볼 수 있다.
▼ 바닷가에 걸린 풍경이 멋스럽다.

붉은 조개를 모으는 일. 때로는 사흘 나흘이 걸린다니 여간 정성이 아니다. 단정한 모자를 쓴 그녀가 제주 해변에서 아름다운 조개껍질을 줍는 모습을 상상한다. 이토록 예쁘고 평화로운 작품을 만들기 위한 준비 작업이 더 곱다.

붉은 조개를 모으는 것은 어렵지만 주황색 조개는 더욱 적다고 한다. 파도에 닳은 유리병 조각은 마치 초록빛 보석 같다. 그녀는 손톱만 한 조개껍질들을 가리키며 "꼬꼬(?)따개비, 삿갓조개, 고둥, 가리비" 다정하게 이름을 알려 준다. 이름이 어찌나 다양한지 기억하기가 어렵다. 자기도 조개라고 모양을 갖추고 있는 쬐그만 조개껍질이 그렇게 앙증맞을 수 없다.

마시멜로를 굽는 시간

시장 한편에 모인 사람들이 귀엽다고 난리가 났다. 꼬꼬마들이 옹기종기 모여 앉아 나뭇가지에 마시멜로를 꽂아 구워 먹고 있다. 한 번 베어 먹을 때마다 입맛을 계속 다시며 열심히도 굽는다. 커다랗고 동그란 마시멜로가 사르르 녹겠다. 그 풍경을 보고 있자니, 정작 나는 어린 시절 마시멜로를 구워먹어 본 경험이 없는데도 마치 어린 시절로 돌아간 듯하다. 아이들 틈에 앉아 마시멜로를 굽는 일. 상상만으로도 충분히 행복한 일이다.

벨롱장에서는 냄새에 이끌려 가는 것도 나쁘지 않다. 고소한 냄새에 이끌려 가 본다. 문어꼬치 3천 원. 큰 문어다리를 송송 잘라 꼬치에 끼워 버터에 구운 모양에 침이 꼴깍 넘어간다. 연신 꼬치를 구워 내는 냄새에 사람들이 줄을 선다. 지글지글. 구워지는 소리를 듣고 있는 것도 기분이 좋다.

안녕하세요, 육지 사람입니다

벨롱장은 제주도로 이사 온 이주민 일곱 명으로 출발했다. 처음에는 세화오일장 부근에 정기적으로 모여서 물건을 팔았다고 한다. 일곱 친구들 중 누구는 게스트하우스를 하고, 누구는 카페를 하고 그랬다. 다 제주도민 입장에선 '육지 사람'에 속했다.

"여기 와서 물건도 팔고, 이주 정보도 얻고. 같이 대화하고 그러자고 만든 시장이에요. 어차피 돈 벌려고 하는 건 아니니까요."

5년 전 제주로 내려와 게스트하우스를 운영하고 있다는 하현웅 씨의 설명이다. 벨롱장 운영진 중의 한 사람인 그는 초창기 때만 해도 조그맣던 시장이 어느덧 이렇게 커져 있었다고 말했다. 시장이 이렇게 커진 덕분에 현지인들과도 친해질 수 있었다고 한다. 처음에는 육지 사람들이 뭔가 하나 보다 하던 어르신들도 이제는 제주도 농산물이나 요리를 갖고 나와 팔기도 한다.

이렇게 귀여운 것들이 바람에 흔들흔들….

▲ 나무를 깎아 만든 도마도 사 본다.
▼ 모히또 한 잔도 마시면 좋고.

벨롱장은 제주로 이주해 온 사람은 물론 동네 주민, 외지인들도 자유롭게 참여할 수 있다. 기본적으로 선정하는 아이템은 손으로 만든 창작물이다. 재료가 공산품이라도 본인의 디자인이 더해지면 가능하다. 특히 제주의 느낌이 물씬 나는 물건이면 선정될 가능성이 높다. 그래서인지 제주 해녀인형, 현무암 메모꽂이, 제주 바다 그림엽서 등 제주를 모티브로 한 작품들이 많다.

벨롱장의 음식들도 대부분 제주 특유의 느낌이 있다. 제주 감귤 말랭이나 백년초 쿠키, 감귤 주스 등이 빠질 수 없다. 아까 맛있게 먹은 문어꼬치도 그중 하나라 할 수 있다.

벨롱,
멀리서 반짝이는 불빛

벨롱은 '불빛이 멀리서 반짝이는 모양'을 뜻하는 제주 방언이라고 한다. 아무래도 예쁜 이름 덕을 톡톡히 봤지 싶다. 이름처럼 '반짝반짝 빛나는 사람들의 이야기'라는 부제를 달고 있는 이 플리마켓은 그야말로 성황을 이루고 있다. 불과 몇 년 만에 최대 150명의 판매자가 참가하는 대규모 플리마켓으로 성장했다. 지금은 판매자에 대한 조건을 엄격하게 두고 100명 이내로 유지하고 있다고 한다.

바닷가 항구에서 푸른 파도를 배경으로 펼쳐지는 이 플리마켓은 그저 아름답다. 사진이 실제 풍경을 따라가지 못할 만큼 눈이 부신다. 벨롱장을 보러 세화리를 찾는 이들도 늘었다. 벨롱장 관계자는 세화리 추산으로 방문자가 하루에 1천여 명을 웃돈다고 한다. 플리마켓이 불과 2시간 열리는 것을 고려하면 엄청난 인기다.

플리마켓은 어느새 세화리의 명물이 됐다. 처음에는 플리마켓을 낯설게 보던 주민들도 점차 마음을 열고, 구경도 하고, 직접 참여하기도 한다. 세화리 측은 바닷가에 플리마켓을 열 공간을 제공했다. 벨롱장 측은 오일장이 열리는 날은 교통 혼잡을 고려해 플리마켓을 야시장으로 바꾼다. 서로의 삶에 무리가 되지 않도록 한 발씩 물러서 함께 살아가는 방식을 찾은 셈이다.

그렇기에 젊은이들만 참여할 것 같은 벨롱장에 나이가 지긋한 아주머니들이 감귤주스를 파는 풍경이 전혀 어색하지 않다. 오일장을 배려한 야시장은 야시장대로 이름이 나고 있다. 그렇게 시장은 '육지와 섬'으로, '현지인과 이민자'로 나뉘던 사람들이 함께 나누는 어디쯤이 됐다.

▲ 꼬마들이 마시멜로를 굽고 있었다.
■ 바람에 흔들리는 풍경 따라 바다도 아른거린다.
▼ 땡볕에 자외선 차단은 필수

꽃과 바다도 이렇게 찰떡궁합!

#2

감성 가득, 문호리 리버마켓

작품이 많아 판매대가 고급스럽고 정갈하다.

우리는 얼마나 가까워질까

사람 사이의 적당한 거리는 얼마만큼일까. 나이가 들면 자연히 알게 되겠지 했다. 하지만 나이가 들어도 도무지 그 적당한 거리를 알 수가 없다. 얼마나 진솔해야 할까. 어디까지 선을 그어야 할까. 얼마나 다가서야 할까.

"처음 만난 사람과 서로 도와주는 설렘. 설렘에 갈증이 있는 사람들에게 그건 정말 멋진 경험이죠. 하지만 그게 지나치다 보면 슬슬 서로의 삶에 간섭하기 시작해요. 사람에겐 기본적으로 오지랖이라는 게 있으니까요. 서로의 삶에서 필요한 적당한 거리. 그걸 유지해야 해요."

그랬다. 사람들 누구에게나 가까워지고 싶은 마음이 있다. 처음에 만났을 때의 친밀감이 좋아서 자꾸 가까워지다 보면 선을 넘게 되고. 그리고 다시 멀어지고 만다. 사람 사이의 적당한 거리에 대한 그의 말은 예리했다. 문호리 리버마켓을 시작한 '캐논 아빠'(익명을 요구함)는 리버마켓에 대해 이렇게 소개했다.

양평 서종면 문호리 655-4번지. 차로 달리다 보면 노란색 입간판이 길가에 서 있다. 잘 보지 않으면 그냥 스쳐 지나갈 수도 있다. 강물이 유유히 흐르는 강변. 큰 나무들이 드문드문 서 있는 빈터에 하얀 천막들이 한데 모여 있다. 꽃과 나무, 향초, 인형과 그림, 면 원피스 등이 아기자기하게 장식된 플리마켓은 마치 집시들의 은거지가 발견되듯, 넓은 초원의 유목민 마을을 본 것처럼 그렇게 모습을 드러낸다.

외로운 예술가의 마을

리버마켓은 양평으로 이주해 온 사람들이 하나둘 모여들며 만들어진 시장이다. 그냥 보기에 양평은 서울과 가깝고, 비싼 전원주택이 많은 곳으로 기억된다. 연예인들도 많이 산다고 하니 부자동네겠지 싶다.

그런데 캐논아빠는 그렇지 않단다. 시골로 작업실을 옮긴 예술가들과 전세값 상승을 피해서 온 '전세난민', 전원생활을 꿈꾸고 귀촌한 사람들까지 다양한 사람들이 모여 살고 있다고 한다. 도시에서 시골로 옮겼다고 해서 삶이 갑자기 풍요로워지지는 않았다. 노인 위주로 돌아가는 지역 문화와의 거리도 한몫했다. 원래 살던 사람들과 이주해 온 사람들 비율이 2대 8 정도였지만 오랫동안 살아온 사람들의 삶의 방식도 존중해야 하는 법이다.

"전원생활이라고는 하지만 곳곳이 산지예요. 골짜기, 골짜기마다 사람들이 살아요. 외롭죠. 우울증에 걸리기도 하고. 그래서 일부 사람들을 모아서 장터를 만든 겁니다."

취향 저격

▲ 직접 만든 간판들이 정감 간다.
▼ 조그만 화분을 이렇게 느낌 있게 걸 수 있구나!

처음에는 그저 풀밭에 몇 개 만들면서 시작했다고 한다. 하루 종일 혼자 있던 주부와 생계가 위협받을 정도로 고단한 예술을 하던 예술가들이 하나둘 팔을 걷어붙였다. 그렇게 꼬박 2년이 지났다. 한 달 중 첫째 주는 병아리마켓, 셋째 주는 본마켓. 이렇게 빠짐없이 열었다. 리버마켓은 약 180팀의 판매자가 참여할 정도로 커졌다. 처음에는 장터에 나오기를 극도로 꺼리던 예술가들도 조금씩 판매대를 열기 시작했다. 이전에는 생계를 위해 전원주택 공사장에서 노가다를 할지언정 '장터'에 나와서 작품을 팔고 싶어 하는 예술가는 없었다. 굶더라도 시장판에 작품을 내놓는 건 마지막 자존심과 같았다. 하지만 시간이 흐를수록 이런 작가들이 조금씩 달라지고, 마음을 열기 시작했다.

리버마켓은 텐트, 의자 하나까지도 모두 본인이 준비해야 한다. 직접 장식한 간판도 만들어야 한다. 어디선가 지원해 준다면 아무도 스스로 일하지 않을 거라는 생각에 외부 지원은 일절 받지 않는다고 한다. 그렇기 때문에 판매자들은 물건을 팔기도 하고, 이따금씩 청소나 주차 봉사도 해야 한다. 그런 특유의 문화 때문일까. 리버마켓은 하나의 작은 마을 같다.

서성대기

강변을 따라 하얀 천막이 늘어선 길을 걷는 기분은 꽤 괜찮다. 큰 나무 아래 멋들어진 공방을 그대로 옮겨 온 듯하다. 질 좋아 보이는 나무 트레이와 나무로 된 주방용품이 아주머니의 마음을 훔친다. 갑자기 예쁜 앞치마를 입고 요리를 하고 싶은 마음이 든다. 한참을 만지작만지작. 청동기 시대에 대한 향수라도 있는 걸까. 구리주전자 앞을 한참 동안 떠나지 못한다.

나비 그림이 우아하게 그려진 천막도 눈에 들어온다. 마치 양갓집 규수의 방을 엿보듯 텐트 안을 둘러본다. 푸른 부채에 그려진 나비, 소담스러운 모란과 연꽃에 한동안 푹 빠져 있다. 에어컨이 있어도 왠지 여름에 이 나비 부채가 필요할 것만 같아 또 어슬렁어슬렁.

예쁜 가방이 주렁주렁 달린 천막에서 발걸음이 또 멈춰 버렸다. 아기가 메고 다니면 얼마나 예쁠까. 앙증맞은 꽃과 리본, 색색의 동그란 솜구슬이 작은 소쿠리 가방에 달려 있다. 아가야, 어떤 게 마음에 들어? 아가는 귀여운 솜구슬이 달린 가방을 골랐다.

하얀 린넨 앞치마가 곱게 걸려 있는 천막을 지날 때는 힐끔힐끔 곁눈질을 하게 된다. 집에 가져가도 매일 쓰지는 않으리라. 알고 있지만 호텔 침대보처럼 포슬포슬 깔끔한 촉감에 자꾸만 손으로 쓸어 보고 싶어진다. 노란 병아리 접시 앞에서도, 청동 커피 주전자 앞에서도 괜히 볼일이 있는 양, 갈 곳 없는 길고양이처럼 서성댄다. 아무래도 이곳은 쉽게 지나치기 힘들겠다.

▲ 기성품 같지만 아기자기한 가방들
▼ 경쟁자가 없을 것 같은 아름다운 꽃그림

맛있는 바람이 계속 분다

바람결에 맛있는 냄새가 실려 온다. 중년 부부가 소박한 식빵을 구워 판다. 바로 옆에서는 즉석에서 화덕에 난을 구워 준다. 보글보글 끓인 카레도 스윽 뿌려 준다. 기름이 팔팔 끓는 가마솥에서는 감자칩, 고구마칩이 실시간으로 튀겨져 나온다. 바삭한 맛에 맥주 한잔하면 딱일 것만 같다. 그렇게 마시라고 바로 옆에 맥주도 대령해 놓았다.

푸드트럭에서 파는 김치볶음밥도 식욕을 부른다. 계란 프라이를 얹어 주는 것이 좋아서 한 그릇 사 들었다. 맛있는 바람이 계속 분다. 강변에 의자가 많지 않아 여차하면 풀밭에 주저앉아 먹어야 할 지경인데도 어쩔 도리가 없다. 그렇게 강변에 달도 뜨고, 공연도 하고, 실컷 바람을 쐬고 돌아오게 되는 플리마켓이다.

"우린 눈이 오나 비가 오나 합니다. 언제든 놀러 오세요."

눈 오는 날의 플리마켓. 정말이지 기대된다.

▲ 황동으로 된 아름다운 주방기구들
▼ 빵 만드는 중년 부부의 모습이 보기 좋다.

FROM APPLE:)
FROM APPLE:)
FROM APPLE:)

아름다운 꽃다발

#3

마음과 마음이 모여, 남해 돌장 프로젝트

돌창고 문이 열리자 신기한 일이 일어났다.

심심한 시골에서
벌이는 작당

시골에 내려가서 사는 상상을 자주 한다. 조그만 차를 사고, 시골집을 예쁘게 지어서 카페도 하고, 게스트하우스 뭐 그런 것도 하는 일 말이다. 햇빛에 하얀 면보를 말리거나 쿠키 따위를 굽는 것도 좋겠다. 어릴 때 시골에서 자랐음에도 나이가 들면서 시골에 대한 이상한 동경이 생겨 버렸다. 남들 하는 것을 보며 괜히 부러워서 그런 것일 수도 있겠다.

한편으로는 뭔가를 잊고 있었다. 시골이 얼마나 심심했는지, 바다만 매일 봐서 바다가 얼마나 좋은지도 모르던 그때를…. 겨울 산을 보며 나무 열매 하나, 토끼 한 마리 없다며 지루해하던 일상이 어린 시절의 따뜻함에 가려져 있었다.

그렇게 심심한 시골에서 뭔가를 모의하는 젊은이들은 어떤 사람들일까. 마음이 동해 버렸다. 길가에 드문드문 등장하던 '돌 플리마켓'이라는 궁서체의 정성스러운 글씨체에 웃음이 났다. 플리마켓이 열리는 곳은 남해 시문리 돌창고 옆이다. 돌창고라니…. '돌창고 사이 좁은 길'이라고 적힌 쪽지를 몰래 받은 것처럼 기분이 즐거워진다. 열 명 남짓의 판매자들이 옹기종기 모여 있다.

▲ 돌잔치 시간표
▼ 돌창고 사잇길에 들어선 플리마켓

남해 농산물도 한 봉지 사고

돌창고 골목길
작은 시장

이토록 작은 시장. 돌 플리마켓이다. 아직 시작 단계여서인지 판매대는 10개 남짓이다. 판매 품목은 소박하다. 남해 멸치를 포장한 '뼈대 있는 집안'이 먼저 반긴다. 누가 지었는지 상표가 미소를 부른다. 고운 아주머니가 직접 수놓았다는 린넨 손수건이 눈길을 잡아끈다. 구례에서 왔다는 청년은 직접 만든 수제 소시지를 먹어 보라고 건넨다.

순천에서 온 처자가 파는 보리커피를 한 봉지 샀다. 하동에서 직접 키운 보리를 커피와 블렌딩 했다고 한다.

"남해에 살아요?"

말을 건네니 처자는 수줍은 듯 순천에서 왔다고 한다. 플리마켓을 하려고 꽤 먼 거리를 달려왔다. 플리마켓은 어떻게 시작됐냐고 물으니 돌창고 한 귀퉁이를 가리킨다.

"저기 앞에 돌창고 카페에서 하는 시장이에요."

작은 비닐봉지에 보리커피를 담아 준다.

돌창고 프로젝트

돌창고는 비어 있었다. 하지만 그냥 텅 빈 것은 아니었다. 어두운 실내에 커다란 샹들리에가 걸려 있다. 정말 특이한 조합인데, 신기하게도 묘하게 분위기가 좋다. 영상을 틀거나 각종 전시 등을 하는 공간으로 쓰이는 듯했다.

관광지로 변해 가고 있는 곳에서 새로운 꿈을 꾸는 사람들이 궁금해졌다. 돌창고 뒤편에 카페가 있다.

"시골에서 살아가고자 하는 젊은이들도 있습니다. 그러나 도시에 비해 시골은 경제활동을 할 수 있는 직업군이 다양하지 않고, 젊은이들이 할 수 있는 문화 인프라가 부족합니다. 이러한 어려움을 극복하고자 돌창고 프로젝트는 시작됐습니다."

카페는 소박했다. 벽에 적힌 안내문이 눈에 들어왔다. 커피를 주문할 수 있는 작은 창문, 바로 뒤에 오래된 자개장이 놓여 있다. 낡고 오래된 장롱을 놓아둔 게 재미있다. 커피를 주문하자, 사람들은 분주하게 움직인다.

돌장 프로젝트에 대해 물어보니 친절하게 설명해 준다. 하동이 고향인데 남해 돌창고에 반해 이곳저곳을 찾아다니다 시문리에 자리를 잡았다는 최승용 씨다. 서울에서 대학원을 다니며 역사 · 문화를 전공하고, 석 · 박사를 마친 그가 남해까지 내려온 이유는 단 하나였다. 바로 돌창고 프로젝트를 위해서다.

그는 "젊은이들이 시골에서 문화 인프라를 구축해 가면서 경제활동을 해 보자!"는 생각에 돌창고 프로젝트를 시작했다고 한다. 쉬운 일은 아니었다. 그는 돌창고를 하나둘 사들여 조그만 카페와 플리마켓을 열었다. 지금도 시간이 날 때마다 돌창고를 찾아다닌단다.

"남해에 이런 돌창고가 약 17개 정도 있어요. 그 모든 돌창고의 매력을 살려서 카페나 플리마켓 같은 문화 인프라를 만들어 보려 합니다."

돌창고에 대해 한참 열심히 설명하는 그의 표정이 밝다. 마을 사람들이 소중한 곡식을 보관했던 견고하고 아름다운 공간이 바로 돌창고라고 말했다. 소중한 기억을 담고 있는 곳이라고 그는 강조한다.

"남해에서 문화와 예술을 통해 삶의 방법을 찾는다면 남해의 문화를 우리의 행위와 연결해야 합니다. 우리는 여기서 남해 마을 사람들과 함께 시작합니다."

빈손으로 시작하는 순간은 이렇게 아름답다. 쉴 새 없이 꿈을 꾸고, 움직이는 사람들. 그런 것들이 참 예쁘다. 작은 것을 정직하게 스스로 일구는 법을 스스로 배운 것이 신기하다. 그들은 애쓰고, 절실해한다. 그리고 절대 귀찮아하지 않는다. 그렇게 해서 하나하나 쌓아 가는 삶. 멋진 돌창고다.

#4

도시 농부들의 오픈마켓, 마르쉐@

블루베리 농장에서 꽂아 둔 사진

도시 농부가 되고 싶다

식물을 가꾸는 데 소질이 없는 사람이 농사를 지으면 이상한 농부의 마음農心에 빠지게 된다. 어쩌다 겨우 열린 방울토마토 한 알, 풋고추 한 개가 너무 귀해서 어쩔 줄을 모른다. 애타게 기다리던 늦둥이가 이럴까. 그 고운 것이 알알이 크는 걸 보고만 있어도 기특하다. 그러니 따 먹는 건 어려운 일이다. 먹으려고 심은 것인데 애완용으로 바뀌고 만다. 애지중지하다 시들 무렵에라도 겨우 한입 먹으면 다행이고, 아니면 말고.

씨를 뿌리면 그 농심은 더 이상해진다. 욕심껏 뿌린 상추씨가 잔뜩 새싹을 내놓는다. 바야흐로 정리의 시간이 온다. 수많은 새싹 중에 몇 개를 남기고 나머지 싹을 제거해야 제대로 된 상추를 키울 수 있다. 온전히 자랄 후보를 고르기가 거의 간택에 가깝다. 손톱만 한 상추 싹은 어째서 그리 다들 예쁘게 생겼는지.

직접 농사지은 과일과 채소를 내다 파는 일이 어떤 마음일지 생각해 본다. 그냥 심기만 하면 저절로 마구 열리는 법이 없다. 물과 거름은 물론이고 때맞춰 순도 자르고, 지지대도 해 줬을 것이다. 정성스러운 손길 없이는 도통 여물지 않는 녀석들이다. 어찌 됐건 팔려고 키웠으니 따오긴 따왔는데. 고 녀석들. 좌판에 나앉아 햇빛에 시드는 걸 보니 직접 키운 것도 아닌데 괜히 마음이 찡하다.

▲ 오미자 펀치 맛에 기분도 상큼상큼
■ 돼지감자 차, 특이해서 보고 또 보고
▼ 직접 만든 호밀빵과 쿠키들을 내놓기도 하고….

파드득 나물, 돌미나리

농부와 요리사, 수공예가가 만드는 도시형 농부시장이라는 '마르쉐@'. 문구에 걸맞게 판매대마다 농부의 마음이 가득하다. 과일이나 채소가 조금 못생겨도 그저 싱싱하고 맛있어 보인다. 명동, 혜화동 등 다양한 곳에서 열리는 이 시장에 가려면 일정을 꼭 확인해야 한다.

파드득 나물, 돌미나리

흔히 보기 어려운 나물들이 비닐봉지에 아무렇게나 담겨 있다. 대체 무슨 마음인 건지, 아무렇게나 담겨 있어서 더 사고 싶어졌다. 파드득 나물. 이름이 너무 귀엽다. 씹으면 입안에서 파드득 소리가 날 것만 같다. 텃밭백과를 찾아보니 4월에서 8월까지 아무 때나 파종이 가능한 나물이라고 한다. 키우기에도 꽤 쉬운 종류인가 보다. 주변에 파드득 나물을 기르는 곳이 있으면 몇 포기 얻어다 심으라는 조언이 쓰여 있다. (내 주변에는 파드득 나물을 키우는 사람이 없다고!)

돌미나리도 제법 싱싱하다. 한 봉지를 골라 들어 보니 양도 넉넉하다. 부추도 깔끔하게 다듬어 한 봉지 담겨 있다. 끼니거리를 걱정하는 할머니처럼 몇 봉지 집어 들었다. 반찬 만들기에

노련한 척하며 봉지를 들었다가 결국 요리법을 묻고 말았다. 인터넷에 찾아봐도 될 일이지만, 왠지 직접 키운 사람이 더 잘 알 것 같았다. 작은 소녀 같은 판매자는 부모님이 시골집에서 직접 키운 나물이라며 데쳐서 참기름에 무쳐 먹으란다. 왠지 쉬울 것 같아 냉큼 들고 왔다. 이리저리 검색한 끝에 저녁밥은 돌미나리 밥. 쌀 위에 나물을 씻어 올리고, 살짝 참기름을 몇 방울 떨어뜨렸을 뿐인데 나물이 명품인 모양이다. 밥맛이 그만이다.

빵과 쿠키의 시간

파머스 마켓에서 외면할 수 없는 곳이 있다면 바로 이곳이다. 직접 만든 빵과 쿠키를 파는 곳. 마치 이걸 먹으러 온 것처럼 제일 먼저 사 먹게 된다. 아무래도 좋겠지. 호밀빵과 유기농 밀가루로 만들었다고 하니, 절로 고개를 끄덕이게 된다. 누군가가 정성들여 빵을 굽는 모습은 상상만 해도 마음이 포근해진다.

작은 베이킹 모임에서 엄마들이 나와서 빵을 판다. 그들은 모여 앉아 직접 만들어 온 샐러드를 빵에 얹어 먹으며 즐거워한다. 구경하다 얼떨결에 샐러드 얹은 빵을 받아먹고 말았다. 아침에 직접 만들었다며 다정하게 건네는 바람에 나도 모르게 '아~' 해버렸다.

▲ 그러지 말고 한입 먹어 보라고 하니, 안 먹을 수가 없다.
▼ 블루베리 잼은 또 왜 이렇게 이뻐가지고

파머스 마켓에서는 사람들이 자꾸만 뭘 먹으라고 내민다. 잼도 발라 주고, 샐러드도 얹어 주고, 구워 온 쿠키도 내준다. 시식을 많이 하지 말아야지 생각하다가도 가끔 자식 자랑하듯 퍼주는 모습에 홀딱 반하고 만다.

몸에 좋고,
환경에도 좋은 것들

색이 너무 고운 주스가 있어서 얼른 가 봤다. '오미자펀치'라고 했다. 몸에 좋은 거라면 질색하는 편인데 왠지 먹어 볼 마음이 났다. 색도 곱고 따라 주는 통도 예뻤다. 보통 몸에 좋다고 하는 것들은 맛이 없기 마련인데, 맛도 꽤나 상큼하다.

"펀치 다 마시면 컵은 가져다주세요."

이 시장은 일회용 컵을 안 쓴단다. 들고 다니다 돌려줬다. 길목마다 몸에 좋은 것들이 줄을 잇는데, 이런 소소한 마음 씀씀이도 좋다.

#5

개성 만점 수공예품 행렬, 홍대앞 예술시장 플리마켓

사랑스러운 사탕 통

눈길만큼 손길

사람의 눈빛에는 이상한 힘이 있다. 멍하니 있다가도 누군가가 쳐다보고 있으면 그걸 눈치 챈다. 응시를 눈치 채는 일은 눈빛이 가진 특별한 힘이 아닐까. 멀리 떨어져 있더라도 누군가의 눈빛을 느끼도록 보이지 않는 기운 같은 게 작용하는지도 모를 일이다.

어쩌면 손에도 그런 힘이 있을지도 모르겠다. 눈길처럼 손길에도 이상한 힘이 있다. 따뜻하거나 차갑거나, 머뭇거리거나, 노련하거나 하는 그런 느낌 말이다. 수공예품이나 고가구에서 뿜어져 나오는 운치도 어쩌면 정성들인 손길 때문이지 싶다. 그 손길은 플리마켓의 묘미이기도 하다.

'핸드메이드'라는 말은 사람을 끌어들이는 뭔가가 있는 것 같다. 손으로 만들었다고 잘 만들었다는 보장도 없는데, 그게 뭐라고 기분이 좋다. 왠지 기계로 찍은 것보다 더 정성도 들어갔을 것 같고 예쁘게 느껴진다. 서투르거나 때로는 울퉁불퉁하다. 그게 그냥 좋다.

15년 전
그 플리마켓

말로만 듣던 플리마켓을 처음 봤다. 작은 놀이터에서 열렸던 스무 명 남짓의 판매자들이 연 플리마켓이었다. 옹기종기 펼쳐진 작은 시장을 돌아보는 데 십 분이면 충분했다. 그때가 2002년이었다. 벌써 십 년이 지난 일이다.

사람들이 파는 물건도 소소했다. 책갈피, 도장, 열쇠고리, 귀걸이, 다이어리. 딱히 있어도 그만이고, 없어도 그만인 물건들이었다. 단지 사랑스럽다는 이유로 사고 싶어지는 그런 것들이다. 시장이라고 하기엔 너무 작고, 그냥 즐거운 놀이터 같은 느낌이었다. 참으로 '돈 안 되는 모양'을 하고 있었다.

그러나 지금의 홍대 플리마켓은 예전의 모습이 아니다. 골목골목을 메운 판매자 수는 100여 명이 넘는다. 판매자들도 수준급이다. 몇몇이 알음알음 찾아오던 그 작은 시장은 이제 홍대 앞 문화의 일부가 됐다. 세상이 바뀌었다. 이제 핫플레이스로 꼽히는 동네라면 플리마켓 하나쯤은 있을 정도다.

▲ 플리마켓에 나온 미니 꽃다발
▼ 판매 부스들이 제각각 개성있다

동부이촌동 플리마켓의 수제 비누

왠지 따뜻한 그런 것들

손으로 만든 물건은 왠지 따뜻하다. 어딘지 사람의 손길이 닿은 흔적. 도자기에 살짝 찍힌 손자국이나 그림 속에 덧칠한 붓 자국. 살짝 떨리는 직선. 이곳은 개성만점 수공예품이 가득하다.

플리마켓에서 가장 보기 좋은 풍경은 조물조물 뭔가를 만들고 있는 사람이 있는 풍경이 아닐까. 그 소박한 등이 얼마나 예쁜지. 조심스러운 손끝과 신중한 콧잔등은 또 어떻고. 그들이 파는 물건들을 하나씩 보다 보면 왠지 모를 귀여움과 사랑스러움이 느껴진다.

판매대 옆에서 손뜨개에 집중하고 있는 소녀와 손님의 초상화를 그리고 있는 사람들. 북적대는 시장 속에서도 다른 세상에 있는 것 같은 표정이다. 꼼꼼하게 잘라 붙이거나 그려 놓고 새겨 놓는다. 이 모든 행위로 지나갔을 시간. 작품을 수없이 다듬어 가는 사람의 공든 손길. 그들이 자신이 만든 작품에 대해 열심히 설명하는 모습은 또 얼마나 진지한지. 그런 게 좋아서 자꾸만 찾게 되고, 수공예품을 산다.

#6

사랑 가득, 고양시 나눔 장터

드넓은 광장을 꽉 채운 호수공원 플리마켓

홍정
무능력자

어릴 때 친구들과 과일 바구니를 들고 시장 놀이를 하곤 했다. 과일 바구니에는 온갖 잡동사니가 들어 있었다. 바비인형, 연필, 인형옷, 자동차. 갖고 놀다 싫증난 장난감들이었다. 친구와 바꾼 장난감으로 또 놀다가 또 한 바퀴 돌아 다른 장난감을 갖고 놀았다.

어린아이의 경제관념이란 참으로 터무니없었다. 가격 차이는 고려하지 않은 채 순수하게 좋아하는 것을 위주로 하다 보니 예상 밖의 반품 사태가 일어나기도 했다. 할머니는 내가 인형을 갖고 나간 것을 알고 노발대발했었다. 어린 마음에도 바꾼 물건을 다시 바꾸는 건 도리가 아니라는 생각이었지만 버틸 수 없었다. 그래도 좁은 시골 동네에서 물물교환인 줄도 몰랐던 그 시장놀이는 제법 재미있었다.

어른이 된 후 일산 호수공원에서 열린 플리마켓에 갔을 때, 그때의 기억이 떠올랐다. 사람들은 제각기 쓰지 않는 물건을 들고 나와 팔았다. 새 제품도 제법 있어서 구경하는 맛이 쏠쏠했다. 호수공원 분수광장이 가득 차고도 넘칠 정도로 넓은 플리마켓이다. 여기저기 재미난 물건들이 넘쳐난다. 대충 구경하는데도 한 시간이 꼬박 지나간다.

아기자기한 장난감들이 놓인 돗자리

참 좋은 계절

봄바람이 살랑 불 때쯤이면 뭐라도 즐거운 일을 찾아야지 안 되겠다. 아무것도 안 하기에는 날씨가 너무 좋다. 여행도, 연애도, 텃밭도, 그리고 플리마켓 하기에도 매우 좋은 때가 봄이다. 이런 계절은 조금 더 행복해져야 할 것 같다. 노력하면 조금이라도 낫지 않을까.

플리마켓은 대부분 3~4월쯤에 시작된다. 겨우내 추위 때문에 조금 쉬었다 날이 풀리면서 다시 시장이 열린다. 공기의 내음이 풋풋해지고, 사람들이 옹기종기 시장을 이룬다. 복작복작 귀엽다.

일산 호수공원 광장을 가득 메운 어마어마한 플리마켓 규모를 보면, 조그맣고 아기자기한 가게들은 반전에 가깝다. 공원의 그늘마다 좌판이 펼쳐진다. 광장에는 양산을 쓴 채 돗자리를 펼친 사람들로 인산인해다. 구경하는 사람과 파는 사람이 어우러진다. 사람들은 물건을 팔러 나온 건지, 소풍을 나온 건지 알 수 없을 정도로 즐거운 얼굴이다.

원피스 한 벌에 1만 원

5년 전. 이 시장에서 나는 오래된 옷들을 처분했다. 10만 원 주고 산 브랜드 원피스를 만 원에 판 것이니 그리 경제적이라 할 수는 없다. 하지만 오래된 옷을 입지 않고 버린다 생각하면 꽤 괜찮은 가격이다. 0원과 만 원의 차이는 얼마나 큰가. 쓰레기가 될 뻔한 옷을 한 벌당 1만 원에 팔았으니 꽤 남는 장사였다. 나는 플리마켓 초보였다. 어쨌든 팔리기만 하면 좋았다.

이따금 돗자리 위에 나란히 접어 둔 작은 손가방도, 티셔츠도 3천 원, 5천 원에 주인을 찾아갔다. 이것도 시장이라고 때로는 흥정이 일었다.

"7천 원에 주면 안 돼요?"

"네."

이미 물건을 파는 일에 심취해 자동반사적으로 대답한다. 손님이 7천 원에 사고 싶어 하면 그냥 7천 원에 팔았다. 판매자로 함께 나간 남편과 친구는 '흥정무능력자'라고 놀려댔다.

"괜찮아, 괜찮아."

마지막에는 어떤 여자 손님이 와서 옷을 10벌이나 사 갔다. 이 옷 저 옷을 권했는데 다 사겠다고 해서 되려 파는 쪽이 도리어 깜짝 놀랐다. 옷장의 안 입는 옷을 처분하고 약 10만 원 남짓 되는 돈이 생기다니. 플리마켓이 진가를 발휘한 순간이었다.

AFNY
SPORT

플리마켓에 있는 우리, 참 열심히 한다.

아기에게 경제를 가르치는 법

엄마 판매자들은 예쁜 물건을 많이 가지고 있다. 작은 인형이나 장난감, 고운 손수건. 엄마라는 사람들은 예쁜 것들이라면 다 모으고 마는 사람들 같다. 아이가 갖고 싶어 할 것 같아서 좋은 것들은 일단 산다. 그렇지만 100% 활용하지는 않는다. 새것이나 다름없는 물건들은 플리마켓으로 나온다. 그래서 엄마들의 판매대는 상태도 좋고, 귀여운 물건들이 많다.

플리마켓에는 엄마를 따라 나온 아이들이 종종 눈에 띄는데, 보고 있으면 재미있다. 아이들은 보통 갖고 놀던 장난감이나 책 따위를 판다. 가격도 100원, 500원, 이렇다. 어차피 가격은 별로 중요하지 않다. 아이들에게 중요한 건 자기 물건을 팔리는 것이다.

호수공원 플리마켓에서 만난 엄마와 아이는 여러 가지 물건을 팔면서 이렇게 써 붙여 놓았다.

'수입금의 50%는 월드비전 아동 돕기에 쓰입니다.'

후원하는 아동의 사진도 보여 준다. 판매 품목은 미니 블록, 원목 곰인형, 작은 손수건 등이다. 아마도 엄마는 플리마켓에 나오기 전에 아이에게 팔고 싶은 장난감들을 챙기라고 했을 것이다. 먼 나라의 친구를 위해 아끼는 장난감을 선뜻 내놓았을 아이의 마음을 생각하니 기분이 좋다.

나는 원목 곰인형을 하나 샀다. 아이가 주머니를 꺼내 거스름돈을 조심스레 챙겨 준다. 엄마는 아이가 잘할 수 있도록 조금씩 도와줄 뿐이다. 시장놀이를 실전으로 승화시킨 엄마의 교육법이 좋아 보인다. 아이는 플리마켓에 나와서 여러 가지를 배웠을 것이다. 돈을 버는 법, 장난감을 양보해 다른 아이를 돕는 법, 더운 날씨에 조금 지루해도 손님이 오기를 기다리며 참는 법까지….

▲ 누군가를 돕는 괜찮은 방법
■ 아기 핑계로 나무 곰돌이를 데려왔다.
▼ 안 쓸 거라는 걸 알면서도 탐나는 수세미

살림살이 내다 팔기

#7

나눔이 두 배가 되는 문래동 미나길

아기용품은 플리마켓에서 거래가 활발한 품목이다.

벼룩시장 판매자 되기

때로는 시간이 유독 빨리 흐른다고 느껴질 때가 있다. 뭔가가 고장 난 것처럼 시간이 흐른다. 특히 아침에 더욱 그렇다. 눈을 떴다 잠시 감은 것 같은데 30분이 훌쩍 지나 있다거나 하는 식이다. 물론 반대로 시간이 무지 느려져서 오래 쉬었다 생각하고 눈을 떴는데 5분밖에 지나지 않았을 때도 있다. 시간이란 건 그렇게 마구 길어졌다, 줄어들었다 하는 요상한 녀석이다.

아이스크림 장사를 시작할 때도 그랬다. 밤 10시에 퇴근을 해서도 꼬박꼬박 아이스크림을 만들었다. 생크림, 바나나, 우유, 설탕을 섞고 아이스크림 기계에 돌리는 일. 그리 어렵지는 않았다. 아이스크림 기계를 돌려놓고 나면 어느덧 새벽 한 시.

그렇게 시간이 훌쩍 지나 어느새 아이스크림 판매 당일이 됐다. 커피 아이스크림은 준비됐지만, 바나나아이스크림은 한창 얼고 있는 중이었다.

수공예품도 빠질 수 없다.

유기농 잼과 수제 돈까스

아이스크림 사세요

플리마켓에서 판매자가 되는 건 정말 설레는 일이다. 한 번은 아이스크림 장사를 했다. 사실 중고물품을 팔 때도 사람들이 사 가는 게 신기한데, 내가 만든 음식을 사 가는 것은 정말 놀라웠다. 눈앞에서 손님이 어떤 표정을 짓는지, 어떻게 지갑에서 돈을 꺼내는지 모두 예의주시하게 된다. 이미 재료값이 아이스크림값을 초월한 터라 마음을 비우고 시작했다. 그럼에도 긴장되는 건 어쩔 수 없다.

1. 아이스크림을 뜬다. 2. 커피를 뿌린다. 애플민트를 툭 얹는다. 끝. 그것뿐인데 왜 이리 손은 떨리고, 아이스크림은 모양이 예쁘게 안 나오는지…. 첫 손님이 "아이스크림 하나 주세요."라고 했을 때부터 손을 덜덜 떨리고 말았다. 첫 작품이 너무 볼품없어 장사를 접어야 하나 싶었다.

함께 아이스크림 장사에 나선 지선은 좀 더 차분했다. 제법 침착하게 아이스크림을 만들었다. 윤아 언니가 만든 예쁜 팻말 덕에 손님들이 오기 시작했다. 하지만 손님만 등장하면 판매자들이 가슴이 떨려서 허둥지둥했다.

우리가 택한 품목은 아포가토였다. 아이스크림에 에스프레소를 끼얹어 장식을 올린 모양이었다. 멋진 품목이라고 좋아했지만 판매하는 내내 사람들이 물었다.

▲ 처음 차린 아이스크림 가게
▼ 플리마켓 아포가토

"아포가토가 뭐에요?"

더운 날씨에 녹을까 봐 아이스크림을 꽁꽁 숨겨 놓았으니 손님들이 모일 턱이 없었다. 나중에 안 되겠다 싶어 꺼내 놓자, 그제야 반응이 왔다.

하지만 아이스크림 장사인데 더워도 너무 덥다. 이마에 땀이 송골송골 맺히고 얼굴은 빨개졌다. 마지막에는 더워서 안 되겠다며 남은 몇 스쿱은 주변 판매자들에게 나눠 주고 장사를 끝냈다. 윤아 언니는 더위에 일찍 철수하고, 지선도 힘들었는지 얼굴에 지친 기색이 역력했다. 약 3만 원 정도 벌었는데 만 원은 기부하고, 2만 원으로 맥주를 마셨다.

"시원한 아이스크림 파는 건데 우린 왜 이리 덥지?"

"참 그렇지. 좋은 재료 듬뿍 넣어 놓고 한마디도 못했어."

"손님만 오면 어찌 된 게 얼음이 돼 버렸어."

"장사는 아무나 하는 게 아닌가 봐."

어찌나 할 말이 많던지 밤이 깊도록 회식을 했다. 어째 번 돈보다 쓴 돈이 더 많았다.

문래 야시장,
초상화가 실물과 다를 수 있음

야시장이 열린다니 안 가 볼 수 없다. 해가 어슴푸레해질 때

be Known

예술가들의 야시장

쯤 야시장의 불이 하나둘 켜지는 것을 좋아한다. 플리마켓에서 유난히 눈여겨 보는 사람들이 있는데 바로 초상화를 그리는 화가들이다. 그들을 볼 때마다 나는 그 앞의 의자에 앉아 보는 상상을 한다. 어떤 기분일까. 앉아 있는 동안 연필을 든 화가의 집중하는 모습을 보고 있을 것이다. 여백에 그려질 내 모습은 어떨까. 또 만약 마음에 들지 않을 때엔 어떻게 반응해야 할까.

그림은 사진과 다르다. 찰칵하고 찍은 것이 아니라 스스슥 오랫동안 공을 들여 그리는 것이 아닌가. 그의 소중한 작품을 무조건 좋다고만 할 수 없다면. 민망하고 송구스러울 것 같아서 망설이게 된다. 그 의자에 앉는 것 자체에 용기 같은 게 필요하다면 너무 생각이 많은 걸까. 어쨌든 내겐 쉽지 않은 일이다.

'헬로우문래' 야시장에서 하마터면 그 의자에 앉을 뻔했다. 간판 때문이었다. 화가는 내 마음을 정확히 꿰뚫고 있는 것 같았다.

"실물과 매우 다를 수 있음"

웃음이 났다. 그 솔직함에 정말이지, 까딱하면 한번 앉아 볼 뻔했다.

미니멀리즘,
'벼룩'하라

'귀차니즘'이라는 신조어가 있다. 사실 너무 귀찮은 일은 입으

웃음 나는 초상화 부스

어느 만화 작가의 작품 소개

로 '귀찮다'고 말하는 순간 더욱 귀찮아진다. 그래서 나는 가급적 '귀찮다'는 말을 하지 않으려 한다. 말을 했다가도 서둘러 주워 담는다. 예전에 내가 뭔가를 귀찮아할 때마다 할머니가 그랬다.

"왜. 숨도 쉬지 말지. 귀찮은데…."

그렇다. 인생에 귀찮은 게 어디 있을까. 모든 게 감사한 거지. 그래서 마음을 고쳐먹고 집을 좀 정리하기로 했다. 아이고, 나는 왜 이리 많은 잡동사니를 소유하고 있는 것인가. 안 입는 옷은 왜 이리 많고, 있는지도 몰랐던 장신구는 왜 이리 많은가. 베트남 호이안에 갔다 사 온 전등갓, 포장 그대로 있는 모자. 지금이 바로 플리마켓이 필요한 시점이다.

플리마켓 판매자 신청을 하고, 오전 10시부터 동네 벼룩시장에 나갔다. 끙끙대며 바퀴 달린 여행가방에 잡동사니를 실었다. 새것이나 다름없는 아기 운동화, 원피스, 장난감, 향수 등 온갖 물건들을 팔았다. 약 두 시간 남짓 물건을 팔아서 생긴 돈으로 타르트와 빵, 반찬, 식혜 등을 골고루 사 왔다.

남편은 "버리면 끝나는 걸 왜 사서 고생하는지 모르겠다."고 웃으며 고개를 젓는다. 하지만 플리마켓에 나가 보면 알 수 있다. 버리기에 너무나 아까운 물건들을 누군가 다시 써 주는 것만으로도 얼마나 행복한지. 그렇게 물건을 팔아서 다시 필요한 것들로 바꿔 왔을 때면 왠지 도움이 되는 사람이 된 것 같은 만족감도 작지 않다. 그 작은 기분 좋음이야말로 플리마켓의 매력이다.

시장 여행 꿀팁

한국의 플리마켓

1. 제주 벨롱장

위치　제주도 구좌읍 세화리 세화포구

운영시간　매주 토요일(세화오일장 제외) 오전 11시부터 오후 2시까지
11월~2월 동절기 휴장
매주 마지막장은 오후 6시부터 8시 야시장
연간 일정은 벨롱장 블로그 참고(http://cafe.naver.com/vellong)

특징　푸른 바다가 펼쳐진 항구에서 열리는 독특한 벼룩시장이다. '이야기를 나누는 광장'이라는 주제로 만들어진 시장이라 제주도민은 물론 외부인도 적극 참여해서 교류할 수 있다. 사전 참가신청을 해야 하며 참가비는 1만 원이다. 전시나 공연도 많이 하고, 맛있는 먹거리와 아름다운 작품도 많아 반나절 알차게 보낼 수 있다. 바닷가여서 선크림이나 양산 등은 필수. 아무렇게나 찍어도 사진이 잘 나오는 시장.

2. 고양시 나눔장터

위치 호수공원 노래하는 분수대 또는 덕양구청 부근, 어울림 누리 등

운영시간 오전 10시부터 오후 4시까지

특징 일산 동구청, 서구청, 덕양구청이 함께 여는 지역 플리마켓으로 규모가 상당히 크다. 일정에 따라 장소가 바뀌기 때문에 구청 홈페이지 등에서 미리 연간 일정을 파악하는 것이 좋다. 품목이 매우 다양해서 플리마켓을 좋아한다면 구경하는 데 꽤 오래 걸릴지도.

3. 홍대앞 예술시장

위치 홍대 정문 건너 놀이터 일대

운영시간 3월~11월 매주 토요일 오후 1시~6시

특징 자유로운 청년 예술가들의 수공예품을 구경할 수 있는 대규모 예술 플리마켓. 홈페이지(http://www.freemarket.or.kr)에서 참가신청은 물론 그 주의 행사 등을 두루 확인할 수 있다. 들썩들썩한 홍대 분위기도 즐기고, 그 주의 콘셉트에 맞춘 행사들도 두루 관람할 수 있다. 웹진도 발행하고 있다.

4. 이태원 앤티크 & 빈티지 페스티발

위치 이태원역 일대 앤티크 가구거리

운영시간 3월~11월 마지막 주 토요일 오전 11시~

특징 해외 앤티크 제품, 가구 등을 할인해서 파는 플리마켓이다. 영국 런던의 '포토벨로 마켓'을 벤치마킹해서 용산구청이 여는 공식 플리마켓으로 이태원 '계단장'의 빈자리를 채워 줄 만하다.

5. 문호리 리버마켓

위치 경기도 양평군 문호리 강변

운영시간 매주말 오전 10시부터 밤 7시 또는 8시

특징 넓은 강변에 알록달록 장식된 하얀 천막들이 모여 있는 서정적인 플리마켓이다. 나무 도마, 직접 구운 도자기, 발도르프 인형, 가죽 공예 등 엄선된 품목의 예술가들로 구성된 판매자들이 대부분이다. 취향에 맞는 훌륭한 소품을 구입할 수 있다. 먹거리도 다양하고 맛있는 메뉴가 많다. 밤에는 공연도 한다. 강바람을 쐬며 한 바퀴 돌아보면 조용하게 힐링할 수 있는 플리마켓이다. 속초, 대구 등에서 반짝 개장을 하기도 한다. 주말마다 시장의 콘셉트가 바뀌는 경우가 있어 카페(http://cafe.naver.com/theseojong)에서 미리 일정을 보고 가는 게 좋다.

6. 남해 돌창 프로젝트

위치 경상남도 남해군 시문리 돌창고 옆

운영시간 매월 둘째주 토요일 낮 12시~오후 5시

특징 남해의 돌창고를 중심으로 소박하게 열리는 플리마켓이다. 작은 카페와 남해 멸치, 보리커피, 수공예품 등이 주를 이룬다. 돌창고에서는 수시로 전시가 열린다. 시골에서 젊은 청년들이 함께 문화 콘텐츠를 만들어 가는 차원에서 시작된 플리마켓이다. 남해의 아름다운 풍경을 보면서 드라이브를 하다가 잠시 들러 구경도 하고, 커피 한 잔할 수 있는 플리마켓. 페이스북(https://www.facebook.com/돌창고-프로젝트)에서 일정을 확인할 수 있다.

7. 마르쉐@

위치 명동, 대학로, 성수 등 서울시내 일대

운영시간 토요일 오전 11시~오후 4시

특징 농부와 요리사, 수공예가가 함께 만드는 도시형 농부시장. 직접 재배한 채소와 과일, 유기농 잼, 빵, 쿠키, 음료, 와인 등을 두루 만날 수 있다. 향초, 그릇과 같은 수공예품도 판매된다. 판매대가 개성 있게 장식되어 보기 좋고, 깨끗한 먹거리도 살 수 있어 매력적이다.

8. 전주 비단길 시장 & 보따리당

위치 전주 화교소학교, 전주 남부시장 2층 청년몰 청년회관

운영시간 매월 두 번째 토요일 오후 2시부터 6시

특징 핸드메이드 소품들로 구성된 소소한 플리마켓인 비단길 시장과 디저트 마켓인 보따리당. 특히 보따리당은 '오늘만 단거'라는 콘셉트로 귀엽고 달콤한 디저트들을 맛볼 수 있는 시장이다. 청년들로 구성된 보따리단이라는 모임은 전주 시내 곳곳에서 플리마켓을 개최한다. '송옥여관'이라는 청년몰도 운영하고 있다.

9. 문래동 미드네 나눔길(미나길)

위치 문래역 5번 출구 앞길, 텃밭 둘레길

운영시간 4월~10월 매주 두 번째 토요일 오전 10시~오후 1시(하절기, 동절기 휴장)

특징 영등포 일대의 지역 카페에서 운영하는 플리마켓으로 중고물품, 핸드메이드 상품, 먹거리 등이 두루 판매되는 곳이다. 아기엄마들이 판매자로 나오는 경우가 많아 장난감이나 육아용품을 구입할 수 있다. 자체적으로 장바구니 캠페인, 쓰레기통 설치 등으로 플리마켓에 대한 민원을 해소하기 위한 노력도 기울인다. 미혼모단체 등에 지원, 기부도 활발히 하고 있다.

누군가의 쓰레기가 누군가의 보물

플리마켓flea market은 보통 미국이나 유럽에서 보편화돼 있던 시장이다. 낡은 물건들을 파는 시장이라 벼룩flea이 툭툭 튄다고 해서 생겨난 용어다. 일본이나 우리나라에서는 '프리마켓free market'이라고 부르기도 한다. 이밖에도 벼룩시장, 도둑시장, 도깨비시장, 번개시장 등 다양한 이름이 붙는다. 대부분 '반짝 생겨났다 사라지는', '비정기적인' 시장이라는 공통점이 있다.

장소에 따라서도 플리마켓 이름이 나뉜다. 미국에서는 차고나 주차장에 물건을 펼쳐 놓고 판다 해서 '거라지세일Garage Sale'이라고 부르거나, 집 앞 잔디밭에 펼쳐 놓고 판다 해서 '야드세일Yard Sale'이라고도 부른단다.

이름이야 어찌 됐건 요즘 플리마켓은 그야말로 전성기라 할 만하다. 중고물품을 파는 플리마켓의 범주를 넘어선 지 오래다. 게다가 물건을 사고파는 시장에 그치지 않고 다양한 문화 콘텐츠를 품었다. 공예품을 파는 예술시장, 농작물을 파는 파머스마켓, 먹거리가 더해진 나이트마켓 등 플리마켓이라 하기에 이미 존재감이 너무나 뚜렷해진 시장이다.

특히 예술가들이 모여서 만든 아트마켓은 볼거리로 넘쳐난다. 온갖 수공예품과 음악, 전시회가 곁들여진 시장은 마치 공연과도 같다. 아마추어 작가들의 수준급 작품이 나오기도 하고, 시장 한 편에서 버스킹을 하기도 한다.

도시농업과 만난 플리마켓도 괜찮다. 부드러운 흙냄새와 따뜻한 농부의 손길, 투박하지만 소중히 길렀을 작물과 그걸로 만든 음식이 발길을 사로잡는다.

먹거리가 많은 한여름 밤의 야시장도 좋다. 여름 밤공기의 상큼함이 어우러져 노점에서 솜사탕, 꼬치구이, 볶음밥과 떡볶이를 사 먹는 재미가 쏠쏠하다. 밤을 밝히는 등불에 살짝 달아오른 분위기는 그야말로 로맨틱하다. 판매 대금의 일부를 기부하는 플리마켓도 많다. 문래동 나눔장터는 지역 취약계층을 돕는다. 쓸 만한 아기용품이나 옷 등을 기부하기도 한다. 그저 플리마켓 구경을 했을 뿐인데 얼굴을 모르는 누군가가 도움을 줬다고 생각하면 그렇게 기분이 좋을 수 없다.

이쯤에서 합리적이고 이성적인 판단을 중시하는 사람이라면 조금 이해하기 어려울 수도 있다. 굳이 왜 시간 약속을 잡고, 최저 임금 도 안 되는데 판매자로 나가서 물건을 팔고, 가끔 돈도 안 되는 물건을 사서 상심을 하느냐고 묻기도 한다. 예를 들면 이런 경우다. 2천 원짜리 헌 옷을 거래하는 약속 때문에 퇴근길 택시를 타는 경우가 있다. 택시비가 4천 원이 넘으니 사실상 2천 원을 밑지고 물건을 파는 셈이다. 3천 원짜리 옷걸이를 사려고 두 블록이 넘는 길을 걷기도 한다. 그것도 유모차에 아기를 태운 채.

플리마켓에 나가 땡볕에 네 시간 앉아 있었는데 수익은 5만 원에 채 못 미칠 때도 있다. 기부하고 나면 시급 5천 원에 그칠 때도 부지기수다. 때로는 장난감이라고 해서 만 원 주고 산 태양열 나비가 알고 보니 화분꽂이였던 적도 있다. 터덜터덜 집으로 돌아오는 길에 올림픽 성화처럼 치켜든 태양열 나비가 휘휘 돌아갔다. 그 우스꽝스러운 모습은 지금 떠올려도 웃음이 난다. 하지만 사람들은 의외로 그런 수고를 마다하지 않는다. 비효율성에 따르는 소소한 교환이 오히려 즐겁다. 알뜰하고, 똑똑한 엄마들은 어디로 갔냐고 물을지 모르겠다.

한편, 합리적이고 이성적인 판단을 중시하는 사람이라면 감탄할지도 모른다. 5만 원짜리 물건을 2만 원에 사서 쓰고, 다시 2만 원에 되파는 중고시장의 구조에 대해 말이다. 꽤 쓸 만한 제품을 공짜로 사용한 셈이다. 극히 드문 경우지만 5만 원짜리 제품을 5천 원에 얻고, 중고거래 가격인 2만 원에 팔 수도 있다. 오히려 돈을 받고 물건을 쓴 셈이다.

정말 신기하고도 요상한 시장이다. 하지만 이쪽이든 저쪽이든 중독성이 있다. 누군가와 물건을 나눠 쓰는 묘한 기쁨이 기어코 사람들을 수고하게 만든다. 하지만 잘 고르면 중고 물건도 새것 못지않게 좋다. 상자를 개봉했거나, 몇 번밖에 안 썼지만 짐이 된다는 이유로 주인이 바뀌는 물건도 많다. 저렴한 가격에 제법 괜찮은 물건을 사 쓰고, 또 아껴 쓰고 다른 사람에게 나누거나 되파는 일은 어찌나 설레는지. 왠지 지구 한 귀퉁이에 살아도 해가 되지 않는 그런 쓸 만한 사람이 된 것 같기도 하다.

영국 속담에 이런 말이 있다고 한다. "누군가의 쓰레기는 누군가의 보물이다One Man's Trash Is Another Man's Treasure."

플리마켓은 한 사람 한 사람이 만든 작은 가게들로 이뤄진다. 이들이 모여 작은 시장을 만들고, 쓸모없는 물건이 주인을 찾아가는 대신 개개인에게 소득을 남긴다. 플리마켓이 없었다면 버려지거나 존재감도 없이 집 어딘가에 머물렀을 물건들이다. 딱히 직업이나 재주가 없는 사람도 누구나 나서서 시장에 자기 이름의 가게를 차릴 수 있다.

이 꿈틀거리는 작은 시장은 어쩌면 정체된 경제에 새로운 에너지를 불어넣을지도 모른다. 누군가에겐 스트레스 해소를 위한 쇼핑센터가 될 수도 있고, 누군가에겐 작고 아름다운 공방이자 가게가, 또 다른 누군가에겐 설레는 데뷔 무대가 될 수도 있다. 아니면 집 안의 잡동사니를 처분하는 재활용센터가 될 수도 있겠다.

플리마켓은 노란 콜라처럼 신선한 발상을 실현해 볼 수 있는 시장이다. 예전에 노란 콜라가 출시됐을 때 사람들은 열광했지만 얼마 못 가 다시 까만 콜라로 돌아왔다고 한다. 콜라는 역시 까만색이 제맛이라는 생각이 강해서였을 것이다.

하지만 플리마켓이라면 다를 수 있다. 천정부지로 치솟는 월세도, 권리금도 없다. 판매자의 신용등급도, 막대한 대출금도 없이 시작할 수 있다. 리스크가 적은 만큼 마음속으로만 떠올려 봤던 창업 아이디어를 한껏 풀어 놓을 수 있는 장소다. 미풍양속에 어긋나거나 아주 불쾌감을 유발하는 품목이 아니라면, 플리마켓은 공평하게 오픈된 공간이다. 오히려 누군가 이색적인 상품, 여기서 노란 콜라라 통칭할 만한 품목을 팔고 있다면 오히려 너그럽고 즐거운 표정으로 다가오는 손님을 만날 수 있을 것이다. 물론 판매하는 품목의 경쟁력은 알아서 해야겠지만 말이다.

이 작은 시장을 어떻게 활용할지는 자신에게 달렸다. 그렇게 한 사람, 한 사람의 이야기가 모인 플리마켓은 인적이 드물던 동네 골목길을 핫플레이스로 바꿔 놓기도 한다. 한 예로 지금은 사라졌지만 이태원 계단장의 경우, 인근 상가의 임대료 상승을 불러오기도 했다. 그만큼 무시할 수 없는 경제적 효과를 낳기도 한다. 한편, 플리마켓 특유의 자유로움은 사람들 간의 교류를 낳는다. 물건을 아껴 쓰고 나눠 쓰면서 서로의 온기를 나누고,

한 지역에 살면서도 동떨어져 있던 외지인과 현지인의 대화에 물꼬를 튼다. 농사짓던 동네 어르신도, 철없는 줄로만 알았던 시골 청년도 이 작은 시장에서 어찌나 열심인지. 지루한 일상에 활기를 던져 주고, 섬처럼 떠돌던 사람들을 불러 모은다.

비록 플리마켓이 일궈 내는 변화는 소소하지만 결코 가볍지 않다. 이것이 플리마켓 구경을 멈추기 어려운 이유다. 이 책을 읽는 사람과 한 번쯤 플리마켓에서 스쳐 지나가길 기대해 본다.

2017년 7월 정선영

お知らせ
8/6.7.13.14
出店は
お休みします
宜しく
お願いします。
Farmer's Market
(高知市土佐山)
機の土で育てた生姜の恵み
Tosayama
ginger Ale
土佐山ジンジャエール
&
土佐山有機生姜
高知 土佐山
有機生姜
200/100g
ゆず酢
700yen
高知 土佐山
有機にんにく
200yen/100g
Farmer's Market

Cloth
Kitchen cloth
3

鄉家政班
花博農民市集

천천히 산책하는 국내 · 해외 벼룩시장 15

로맨틱 플리마켓 여행

초판 1쇄 인쇄일 2017년 7월 18일
초판 1쇄 발행일 2017년 7월 21일

지은이 정선영 펴낸이 양옥매 디자인 남다희 교정 조준경 펴낸곳 도서출판 책과나무
출판등록 제2012-000376 주소 서울특별시 마포구 방울내로 79 이노빌딩 302호
대표전화 02.372.1537 팩스 02.372.1538 이메일 booknamu2007@naver.com
홈페이지 www.booknamu.com

ISBN 979-11-5776-454-9(03910)

이 도서의 국립중앙도서관 출판시도서목록(CIP)은 서지정보유통지원 시스템
홈페이지(http://seoji.nl.go.kr)와 국가자료공동목록시스템
(http://www.nl.go.kr/kolisnet)에서 이용하실 수 있습니다.
(CIP제어번호 : CIP2017017335)